PSICOLOGIA E PSICOLOGIA ESCOLAR NO BRASIL

Dados Internacionais de Catalogação na Publicação (CIP)
(Câmara Brasileira do Livro, SP, Brasil)

Balbino, Vivina do C. Rios
Psicologia e psicologia escolar no Brasil: formação acadêmica, práxis e compromisso com as demandas sociais / Vivina do C. Rios Balbino. São Paulo: Summus, 2008.

Bibliografia
ISBN 978-85-323-0181-9

1. Psicologia – Brasil 2. Psicologia escolar – Brasil 3. Psicólogos escolares – Formação profissional I. Título.

07-9629 CDD-371.713

Índice para catálogo sistemático:
1. Brasil: Psicólogos escolares: Formação: Educação 371.713

Compre em lugar de fotocopiar.
Cada real que você dá por um livro recompensa seus autores
e os convida a produzir mais sobre o tema;
incentiva seus editores a encomendar, traduzir e publicar
outras obras sobre o assunto;
e paga aos livreiros por estocar e levar até você livros
para a sua informação e o seu entretenimento.
Cada real que você dá pela fotocópia não autorizada de um livro
financia o crime
e ajuda a matar a produção intelectual de seu país.

PSICOLOGIA E PSICOLOGIA ESCOLAR NO BRASIL

Formação acadêmica, práxis e compromisso com as demandas sociais

Vivina do C. Rios Balbino

summus editorial

PSICOLOGIA E PSICOLOGIA ESCOLAR NO BRASIL
Formação acadêmica, práxis e compromisso com as demandas sociais
Copyright © 2008 by Vivina do C. Rios Balbino
Direitos desta edição reservados por Summus Editorial

Capa: **Daniel Rampazzo/Casa de Idéias**
Foto da capa: **Mikael Damkier**
Projeto gráfico e diagramação: **Sidnei Simonelli**
Impressão: **Sumago Gráfica Editorial Ltda.**

Summus Editorial
Departamento editorial:
Rua Itapicuru, 613 – 7º andar
05006-000 – São Paulo – SP
Fone: (11) 3872-3322
Fax: (11) 3872-7476
http://www.summus.com.br
e-mail: summus@summus.com.br

Atendimento ao consumidor:
Summus Editorial
Fone: (11) 3865-9890

Vendas por atacado:
Fone: (11) 3873-8638
Fax: (11) 3873-7085
e-mail: vendas@summus.com.br

Impresso no Brasil

[...] *Não tenho outra maneira de superar a quotidianeidade alienante senão através de minha práxis histórica em si mesma social, e não individual. Somente na medida em que assumo totalmente minha responsabilidade no jogo desta tensão dramática é que me faço uma* **presença** *consciente no mundo. Como tal, não posso aceitar ser mero espectador, mas, pelo contrário, devo buscar meu lugar, o mais humilde, o mais mínimo que seja, no processo de transformação do mundo* [...].

Paulo Freire

Dedico este livro a meus queridos pais, José e Maria (in memoriam), pela educação e pelo carinho recebidos. A meus queridos filhos, Viviane e Jader, realização maior da minha vida, e a meu querido marido, Olívio, companheiros de vida e de projetos, pela felicidade imensa de tê-los comigo no meu dia-a-dia, assim como a meus queridos doze irmãos, pela amizade e o carinho constantes. A meu genro Oto e meu querido primeiro netinho, Nuno, filho de Viviane, que nasceu recentemente, saudável e lindo, trazendo tantas alegrias e tantas renovações! À celebração do amor! E à Lívia, pelo amor por meu filho Jader.

Agradecimentos

A Deus, pelas bençãos e iluminação sempre!

Foram pessoas importantes e especiais para a realização deste livro:

Importantes ontem, hoje e sempre na minha vida: meus queridos pais, meus irmãos e irmãs, meu marido e meus queridos filhos, Viviane e Jader, todos eles pelo carinho, pela alegria, pela amizade e pelo importante companheirismo do dia-a-dia, sempre me incentivando e me apoiando com entusiasmo nessa caminhada pessoal e profissional.

Meus sogros, Olívio e Elisa (*in memoriam*), pela vida, pela educação e pelo amor dados ao meu marido.

Professora doutora Ana Maria Iorio Dias, ex-aluna, colega, ex-próreitora de graduação da Universidade Federal do Ceará. Pela afinidade pessoal, pela amizade e pela troca de experiências valiosas na área da psicologia e da educação, inclusive sugestões importantes nos trabalhos conclusivos deste livro.

Meus ex-alunos e colegas professores do Departamento de Psicologia da Universidade Federal do Ceará, pelo desafio intelectual, pela troca de conhecimentos e pelo conseqüente embate de idéias na formulação de novos projetos e trabalhos. Em especial, aquelas professoras que se tornaram minhas amigas: Thaís Furtado (*in memoriam*), Elizabeth Schilling, Elda Rodrigues, Ângela Pinheiro, Natércia Aquino, Célia Julião e Sandra Francesca. Funcionários do departamento. Professores orientadores da Universidade Federal do Ceará no curso de mestrado: professora doutora Suzana Vasconcelos Jimenez, professora doutora Maria Lúcia Lopes Dallago, professor doutor Jacques Therrien e professor doutor Ozir Tesser, pela imensa contribuição dada no aprofundamento dos importantes referenciais teóricos no mestrado – ponto de partida para tantos novos desafios e embates intelectuais.

Professora doutora Solange Weschsler, primeira presidente da Associação Brasileira de Psicologia Escolar e Educacional (Abrapee), pelo incentivo dado no início da produção dos meus primeiros trabalhos.

Professora doutora Diva Albuquerque Maciel, professora da Universidade de Brasília, Instituto de Psicologia, pelo incentivo aos meus trabalhos, pela amizade e pela acolhida no período em que atuei naquela instituição.

Aos cunhados, sobrinhos, amigas e amigos de sempre, que compartilham de minhas emoções e de meus projetos. Às divinopolitanas Jane Rios, Alaíde e Décia. Em Brasília, Maria Lúcia Kawagoe, Nilce Salvador Monteiro e Isabela Reis Costalonga.

Hilton Rios e Akemi Kawagoe. Eloísa Diony, mulher e mãe guerreira, pela amizade e contribuição nos afazeres. Eunice Ferreira, pela valiosa colaboração na digitação de parte do livro. Minha filha Viviane, pela imensa colaboração dada nas tantas e tantas revisões dos meus trabalhos desde a dissertação de mestrado, ainda tão pequenina em Fortaleza. Meu filho Jader, pela importante troca de idéias, pelas sugestões dadas e pela colaboração em dúvidas nos textos.

Todas as pessoas honradas e dignas que tive o prazer de conhecer em minha vida e que reforçavam sempre em mim a convicção da importância das virtudes e de que podemos sempre trabalhar por um mundo melhor, de uma forma ou de outra, pelos nossos atos! A reafirmação da convicção da responsabilidade social de cada cidadão neste mundo!

Sumário

Prefácio 15

Apresentação 17

Introdução 21

PARTE 1
REFLEXÕES SOBRE A FORMAÇÃO DO PSICÓLOGO ESCOLAR .. 27

1. Uma experiência de ensino com
   enfoque sociopolítico 29

2. Psicólogos escolares em Fortaleza: formação
   e atividade profissional 42

3. Estágios em psicologia escolar: reflexões e relato de
   uma pesquisa na Universidade Federal do Ceará 52

4. Estágios em psicologia escolar na UFC: levantamento
   de dados e discussão da formação profissional 69

5. Estágios em psicologia escolar: reorientação dos
   trabalhos e relato de uma experiência inovadora 78

PARTE 2
PESQUISANDO A "LETARGIA" ACADÊMICA 89

1. O Departamento de Psicologia da UFC 92
2. Crise de identidade profissional e perspectivas 116

PARTE 3
A PSICOLOGIA E AS DEMANDAS SOCIAIS BRASILEIRAS 127

1. Por uma psicologia técnica e
   politicamente competente 129
2. Violações dos direitos humanos no Brasil: proposta de
   mudanças na formação e na prática do psicólogo 134

PARTE 4
POPULARIZANDO OS CONHECIMENTOS PSICOLÓGICOS 147

1. Violência juvenil que assusta: reeducar é preciso 149
2. Por que tanta violência juvenil? 152
3. Educação, consciência política e cidadania 155
4. Banalização dos crimes de violência e
   da impunidade: basta! 158
5. Carnaval tipo exportação: na contramão
   de políticas públicas sociais 161
6. Respeito aos direitos humanos: garantia
   de justiça e de paz 164
7. Mulheres e direitos humanos: uma realidade
   ainda perversa 167
8. Delinqüência juvenil e drama infantil: crime
   sexual em Brasília 170
9. Educação: um contraste que choca em plena
   capital federal 173
10. Mulheres casadas: alto risco de contaminação
    por HIV/Aids no Brasil 176
11. Repensar valores e cultivar virtudes 179

12. Em greve, uma universidade vai à praça 182

13. Violência contra as mulheres no Brasil: até quando? . . 185

14. Consumo de bebidas alcoólicas no Brasil: uma
realidade assustadora 188

15. Jovens e drogas: conscientizar é preciso 192

Considerações finais 195

Bibliografia 199

Prefácio

Incansável em seu interesse pelo desenvolvimento no Brasil da psicologia escolar, como ciência e como profissão, Vivina do C. Rios Balbino nos brinda com este livro.

Fruto de sua experiência como professora de psicologia e orientadora de estágio acadêmico de Psicologia Escolar na Universidade Federal do Ceará – tendo estado também um período na Universidade de Brasília –, atividade que desenvolveu sempre em conjunto com suas pesquisas nessa área, este livro tem vocação para ser um manual de grande utilidade para todos que se interessem por essa temática, especialmente no âmbito do ensino de graduação e formação do psicólogo escolar.

Estruturado em quatro partes, o livro traz, na primeira delas, uma reflexão sobre a formação acadêmica na psicologia escolar e mostra como esta pode trazer uma maior contribuição para a sociedade. Na segunda, são apresentados resultados de pesquisas sobre o que a autora chama de "letargia acadêmica" e é defendida a relevância do envolvimento de alunos e professores no trabalho acadêmico. Na terceira parte, a autora levanta uma discussão sobre a importância da articulação da psicologia às demandas sociais no Brasil, e, finalmente, na quarta parte, reflete sobre a importância do contato do psicólogo com o grande público e apresenta sugestões para a popularização dos conhecimentos psicológicos.

É nossa expectativa que Vivina mantenha essa mesma energia e motivação a fim de continuar compartilhando os resultados de seus estudos e contribuindo, assim, para o fortalecimento da psicologia escolar e da psicologia em nosso país.

Diva Albuquerque Maciel
Professora doutora do Departamento de Psicologia
Escolar e do Desenvolvimento
Instituto de Psicologia – Universidade de Brasília (UnB)

Apresentação

A professora Vivina do C. Rios Balbino constituiu o grupo fundador do curso de Psicologia da Universidade Federal do Ceará (UFC). No mesmo período, associada a um grupo de psicólogos, contribuiu para a criação da Associação Cearense de Psicologia. Ainda na UFC, participou com outros profissionais da criação do Núcleo Cearense de Pesquisas e Estudos sobre a Criança (Nucepec).

Eu era estudante no curso de Psicologia da Universidade Federal do Ceará quando a conheci, mais intensamente, na disciplina de Psicologia Escolar I e II e, posteriormente, no estágio em Psicologia Escolar. No decorrer das disciplinas, pude perceber e acompanhar seu envolvimento com a psicologia escolar e os problemas de aprendizagem (ou de ensinagem, como costumo dizer), bem como seu engajamento com o ensino, a pesquisa e a extensão nessa área. E, durante o estágio, vivenciei o que se pode chamar de verdadeira prática reflexionante – a que proporciona uma dupla reflexão, em quem ensina e em quem aprende –, sentindo-me muito segura com a sua orientação e supervisão e com a sua dedicação e competência.

Após o término do curso, permaneceu a amizade. Desnecessário dizer sobre a admiração que foi se tornando cada vez mais intensa, nos diversos papéis por ela desempenhados: além de professora, pesquisadora e coordenadora, a esposa, a mãe, a mulher, a companheira, a filha, a irmã... sempre carinhosa, presente, dedicada, comprometida! Acompanhei o desenvolvimento de sua pesquisa, que se transformou em dissertação de mestrado em Educação, intitulada *Psicólogo escolar: agente de mediação no processo de mudança social?* Para ficar mais perto de seus pais, mudou-se de Fortaleza para Brasília após se aposentar e foi professora na Universidade de Brasília, no Instituto de Psicologia. Hoje, vejo-a envolvida com direitos humanos, mais especificamente com a luta contra a violência para com as mulheres – um trabalho dignificante.

Muito me honra fazer a apresentação deste livro, pois se trata de um trabalho que discute a formação acadêmica, a imbricação entre teoria e prática (práxis) e o compromisso da psicologia escolar com as demandas socioeducacionais de nossa sociedade. Além disso, a autora nos proporciona uma recuperação teórico-metodológica e histórico-filosófica da psicologia escolar, com base em suas experiências acadêmico-docentes na UFC.

Se, à época, essas ações se apresentavam como vanguarda, hoje justificam sua socialização em forma de livro pela pertinência e pela proximidade das reflexões sobre a formação profissional do psicólogo com o ideário proposto pelas Diretrizes Curriculares Nacionais para os cursos de graduação em Psicologia, cujas discussões se iniciaram em 1999 e culminaram com o Parecer nº CNE/CES 1.314/2001, de 07/11/2001, retificado pelo Parecer nº CNE/CES 072/2002, de 20/02/2002, e que foi devolvido pelo ministro da Educação ao presidente do CNE, para uma nova redação, sendo finalmente aprovado de acordo com o parecer nº CNE/CES 0062/2004, de 19/02/2004.

Essas diretrizes, ao abordarem os estágios, reafirmam a necessidade de eles serem supervisionados por docentes da instituição formadora, assegurando a articulação das competências estabelecidas conforme a vivência do estagiário com situações, contextos e instituições. Por meio dessa prática, os conhecimentos, as habilidades e as atitudes podem se consolidar em ações profissionais pautadas em princípios de compreensão crítica dos fenômenos sociais, econômicos, culturais e políticos da cidadania e da profissão, além de em respeito à ética nas relações com clientes, colegas e o público em geral. Dessa forma, o aluno fica capacitado para buscar e usar o conhecimento científico necessário à atuação profissional, assim como para gerar conhecimento com base nessa práxis.

Assim, a proposta desenvolvida pela professora Vivina do C. Rios Balbino, ao ser explicitada nesta obra, pode se mostrar um bom exemplo de como integrar teoria e prática em torno dos conhecimentos e dos eixos estruturantes da formação profissional na área de psicologia escolar, numa apropriação crítica, pelo estudante, do conhecimento existente e de sua capacidade de produzir novos conhecimentos, com competência para adaptá-los a contextos diversos e específicos de investigação e ação profissional.

Mais do que isso, o livro nos traz lições sobre o sistema de educação superior brasileiro, sobre o *modus vivendi* acadêmico e a preocupação e o compromisso com a melhoria do ensino e com as demandas sociais do Brasil – e o papel dos estudantes e professores nesse processo.

Este livro, para além de uma coletânea de artigos produzidos pela autora, é fruto de todo o seu engajamento nas questões mais relevantes da psicologia escolar e da psicologia, desencadeando reflexões pertinentes sobre formação acadêmica teórico-prática e propostas de ensino, pautadas num enfoque sociopolítico, para uma maior contribuição à sociedade.

Na leitura, poderemos nos defrontar com dados da formação, da prática, dos embates e da contextualização da atividade acadêmica e dos relatos de pesquisas feitas pela autora, em Fortaleza, na Universidade Federal do Ceará.

A autora nos traz, também, discussões relevantes sobre a necessidade de uma psicologia competente – seja técnica, seja politicamente –, considerando a importância da articulação da psicologia às demandas sociais no Brasil, notadamente em relação às violações dos direitos humanos, o que evidencia a urgência de mudanças na formação e prática do psicólogo, pela importância do contato com o grande público, além da inserção de novos paradigmas teóricos ou de atuação social muito mais transformadores.

Aqui, faço um convite à leitura, pois acredito que, por melhor que seja a apresentação, não há nada mais legítimo do que comprovar por nós mesmos. À autora, parabéns pelo trabalho, e o desejo de que esta obra possa se multiplicar em idéias e ações voltadas para a melhoria da psicologia escolar, da psicologia, da educação e do direito em nosso país. Aos leitores, faço votos de que as lições aqui apresentadas possam contribuir para a ampliação de horizontes – de formação e de atuação profissionais!

Ana Maria Iorio Dias
Doutora em Educação Brasileira
Professora da Faculdade de Educação da UFC

Introdução

Empenhados na melhoria do ensino dos cursos de psicologia, muitos profissionais vêm, nesses últimos anos, implementando uma prática reflexiva voltada para as demandas sociais. Têm sobressaído muitas propostas que, reconhecendo as relações e contradições que se estabelecem entre universidade (escola) e sociedade, buscam um fazer psicológico transformador, além do puramente reprodutor de técnicas e metodologias.

Este livro é uma coletânea de pesquisas e artigos produzidos em épocas diferentes da minha trajetória profissional e representa um marco importante da minha evolução como estudiosa da psicologia – principalmente da psicologia escolar, no aprofundamento dos aspectos da formação acadêmica e da prática profissional. Percebe-se que todos eles apresentam, na sua essência, uma coerência dos pressupostos teórico-metodológicos que nortearam meus trabalhos e pesquisas ao longo da vida acadêmica. Observo hoje que, além de uma coletânea de trabalhos, este livro constitui, na verdade, uma nova proposta de psicologia (formação e prática) no Brasil para atender a tantas demandas sociais.

O início do meu repensar crítico sobre o "pensar" e o "fazer" psicológicos, do ponto de vista teórico-metodológico, ocorreu especialmente durante e após o mestrado em Educação na própria Universidade Federal do Ceará, onde atuei, também, como professora no Departamento de Psicologia e renovei minha leitura crítico-social da psicologia como ciência. Os valorosos referenciais teóricos de renomados estudiosos da educação brasileira, em seus aspectos filosóficos, sociológicos e ideológicos, ajudaram-me a vislumbrar um novo pensar ávido por mudanças sociais baseadas na psicologia e na educação. Poderia dizer que, na visão do grande educador Paulo Freire, no livro *Ação cultural para a liberdade*, eu começaria a ler a realidade social e educacional criticamente! Porém, a teoria em si só se concretiza quando materializada numa prática, como escreveu Vásquez, na obra *Filosofia da práxis*. Eu teria de avançar nas perspectivas práticas, como um agente social ativo, conforme discute Saviani em *Escola e democracia*. Na psicologia escolar, Patto já começava a despontar nessa direção do repensar crítico da psicologia, fomentando uma nova geração de profissionais.

Esse embate intelectual e profissional – e a concretização de uma prática renovada à luz de um novo referencial crítico – iniciou em meados da década de 1980, mas se consolidou após um período em que assumi a coordenação da área de Psicologia Escolar no Departamento de Psicologia da Universidade Federal do Ceará e, com muita persistência, fui cooptando a adesão de colegas da área para a implementação de mudanças importantes. Como professora, tinha a autonomia para reformular o conteúdo da disciplina Psicologia Escolar I, além da supervisão de estágios, dentro do novo referencial, empreendendo uma prática voltada a essa transformação, respeitando, evidentemente, a ementa da disciplina. Foi, na verdade, um marco importante na área, época em que conseguimos cooptar um grande número de alunos para diversas atividades, não somente no ensino, como na pesquisa e na extensão, além do grande aumento de estagiários em psicologia escolar.

Toda a evolução desse meu trabalho na psicologia escolar será mostrada ao longo da primeira parte deste livro, na qual apresento o registro de minhas pesquisas, experiências no ensino, nos estágios supervisionados e alguns estudos teóricos. Quero deixar claro que todos os trabalhos apresentados, na parte inicial, referem-se ao período que aqui descrevo e não constitui a prática hoje desenvolvida, especialmente nessa área, na Universidade Federal do Ceará.

A partir da segunda parte, a discussão amplia seu foco além da psicologia escolar para propostas mais abrangentes e bastante atuais da psicologia, como ciência e categoria profissional frente às tantas demandas sociais no Brasil. A coerência dos pressupostos teórico-metodológicos, porém, se mantém ao longo de todo esse trabalho investigativo, denunciativo e propositivo.

O livro mostra, também, uma pesquisa que discute a "letargia" acadêmica num semestre específico dos trabalhos na Universidade Federal do Ceará, abordando problemas referentes à formação acadêmica dos psicólogos. Nessa pesquisa, fez-se também uma análise do perfil dos professores e dos alunos, que, tomando como base as condições de trabalho no departamento naquele período, buscou identificar as possíveis causas do pouco envolvimento acadêmico e as perspectivas apontadas para a melhoria desses trabalhos.

Na terceira parte, tendo como visão a articulação da formação geral de qualidade do psicólogo atrelada aos compromissos sociais na solução de tantos problemas da sociedade brasileira, especialmente na colaboração contra a violação dos direitos humanos no Brasil, são apresentadas algumas propostas de atuação, destacando-se a violação dos direitos das mulheres.

Por fim, discute-se a grande importância social da popularização dos conhecimentos psicológicos no contato direto do psicólogo com o povo e o público, na qual são apresentados vários pequenos artigos com finalidade social na mídia: mostrar, denunciar e propor alternativas para a solução de tantos problemas sociais que afligem a população brasileira em seu dia-a-dia. Psicólogo cidadão! As tantas violações dos direitos humanos no Brasil são também discutidas nesses artigos, além da questão dos graves problemas envolvendo a violência juvenil e o alto consumo de drogas e bebidas alcoólicas pelos jovens.

Finalizando o livro, ao examinar a Resolução nº 8, de 7 de maio de 2004, que institui as Diretrizes Curriculares Nacionais atuais para os cursos de graduação em Psicologia no Brasil, e alguns anos após o início de minhas pesquisas sobre a formação do psicólogo no país, é extremamente gratificante verificar vários pontos de concordância dos meus trabalhos, mais antigos e atuais, com as novas Diretrizes. Constato que, de modo geral, todo o conteúdo de meus artigos, pesquisas, estudos e propostas, que serão apresentados neste livro, estão em consonância com vários trechos dessa Resolução, como veremos a seguir.

Art. 3: O curso de graduação em Psicologia tem como meta central a formação do Psicólogo voltado para a atuação profissional, para a pesquisa e para o ensino de Psicologia e deve assegurar uma formação baseada nos seguintes princípios e compromissos: [...]

d) Compreensão crítica dos fenômenos sociais, econômicos, culturais e políticos do país, fundamentais ao exercício da cidadania e da profissão;

e) Atuação em diferentes contextos considerando as necessidades sociais, os direitos humanos, tendo em vista a promoção da qualidade de vida dos indivíduos, grupos, organizações e comunidades; [...]

Art. 4: "A formação em Psicologia tem por objetivos gerais dotar o profissional dos conhecimentos requeridos para o exercício das seguintes competências e habilidades gerais: [...]

c) Comunicação: os profissionais devem ser acessíveis e devem manter os princípios éticos no uso das informações a eles confiadas, na interação com outros profissionais e o público em geral;

d) Liderança: no trabalho em equipe multiprofissional, os profissionais deverão estar aptos a assumirem posições de liderança, sempre tendo em vista o bem-estar da comunidade; [...]

Art. 5: A formação em Psicologia exige que a proposta do curso articule os conhecimentos, habilidades e competências em torno dos seguintes eixos estruturais:

a) Fundamentos epistemológicos e históricos que permitam ao formando o conhecimento das bases epistemológicas presentes na construção do saber psicológico, desenvolvendo a capacidade para avaliar criticamente as linhas de pensamento em Psicologia;

b) Fundamentos teórico-metodológicos que garantam a apropriação crítica do conhecimento disponível, assegurando uma visão abrangente dos diferentes métodos e estratégias de produção do conhecimento científico em Psicologia; [...]

Art. 8: As competências reportam-se a desempenhos e atuações requeridas do formado em Psicologia, e devem garantir ao profissional um domínio básico de conhecimentos psicológicos e a capacidade de usá-los em diferentes contextos que demandam a investigação, análise, avaliação, prevenção e atuação em processos psicológicos e psicossociais, e na promoção da qualidade de vida. São elas:

a) Analisar o campo de atuação profissional e seus desafios contemporâneos;

b) Analisar o contexto em que atua profissionalmente em suas dimensões institucional e organizacional, explicitando a dinâmica das interações entre os seus agentes sociais; [...]

n) Apresentar trabalhos e discutir idéias em público.

O trabalho pela qualidade de ensino no Brasil, em todos os níveis, deve ser uma meta, assim como o estabelecimento de um eficiente sistema de avaliação da educação. A avaliação dos cursos superiores no Brasil, resultado do Exame Nacional de Desempenho de Estudantes (Enade-2006), mostra que, dos 5.701 cursos superiores examinados pelo MEC no ano passado, apenas 0,79% obtiveram nota máxima. Já os cursos reprovados correspondem a 27,9%. A pesquisa identificou também 1.085 cursos com nível de qualidade abaixo do mínimo aceitável; outros 1914 cursos, ou 49,2%, ficaram dentro do padrão regular, e apenas 23% obtiveram conceito bom ou ótimo, e apenas 45 cursos tiveram conceito ótimo. Por motivos óbvios (maior concentração de cursos e de riqueza), as regiões Sudeste, com 20 cursos, e a Sul, com 15, concentram a maioria dos cursos com nota cinco. Seis cursos estão em Minas Gerais e oito em São Paulo. Pelo conceito Enade, 37 cursos com nota máxima são de Minas Gerais e 26 de São Paulo.

No entanto, o Nordeste apareceu no Enade com conceitos altos e continua mantendo o mesmo nível, com destaque para a Universidade Federal do Ceará, que foi campeã no *ranking* nacional, tendo três cursos com nota máxima nos dois indicadores usados pelo Instituto Nacional de Estudos e Pesquisas Educacionais (Inep). Um excelente índice para uma região com muita pobreza e maior desigualdade social em relação ao Centro-Sul do país. Na avaliação Enade-2006, os cursos de psicologia se sobressaíram nos quesitos de avaliação específica, além do conceito máximo de outras universidades, como a UnB.

Na popularização do ensino, em pesquisa sobre aprovação em vestibular, a Universidade Federal do Ceará apresenta também um alto índice de inclusão de alunos de escolas públicas – cerca de 24%, segundo pesquisa recente da instituição. Esse excelente percentual é fruto de um trabalho árduo da UFC, que mantém vários cursos preparatórios gratuitos para alunos de menor poder aquisitivo.

Dados do Conselho Federal de Psicologia, da Câmara de Educação e Formação Profissional em 1994, do livro *Psicólogo brasileiro – práticas emergentes e desafios para a formação*, e uma pesquisa em andamento também promovida pelo Conselho Federal de Psicologia objetivando conhecer melhor o psicólogo brasileiro na atualidade, evidenciam claramente a tendência atual da categoria em se conhecer e (re)construir um novo saber, articulando-o cada vez mais à realidade social brasileira. A meu ver, um saber psicológico que possa efetivamente atender aos reclamos de uma sociedade capitalista do século XXI com inúmeros problemas sociais, econômicos e políticos a serem solucionados, especialmente no Brasil – um grande país em desenvolvimento com tantas desigualdades regionais.

É pensando também dessa forma que o Conselho Federal de Psicologia tem tomado uma série de iniciativas, promovendo várias discussões de grande alcance social e atuais como: psicologia e políticas públicas, redução da idade penal, mídia e subjetividade, incentivo de estudos na gerontopsicologia, educação inclusiva e a inserção do trabalho do psicólogo na rede pública de saúde, considerando a dimensão subjetiva do adoecimento.

Espero que este livro, ao apresentar uma proposta sociopolítica de formação e da prática do psicólogo brasileiro, possa representar também uma pequena contribuição ao amplo e atual processo de articulação da psicologia às demandas sociais no Brasil, bem como um material para discussões e debates nos trabalhos de reestruturação dos currículos dos cursos de psicologia no Brasil, tendo em vista as novas Diretrizes Curriculares.

PARTE 1
REFLEXÕES SOBRE A FORMAÇÃO DO PSICÓLOGO ESCOLAR

É necessário repensar o "mito" da psicologia clínica nas escolas, muitas vezes ainda vista como "solucionadora" de problemas. Essa prática, além de apresentar-se como reducionista e paliativa, de certa forma impede também o florescimento de intervenções profissionais mais abrangentes de cunho mais investigativo e totalizante para trabalhar a situação (problema?) na inter-relação de fatores.

Nesta primeira parte, serão apresentados vários trabalhos concernentes à psicologia escolar, em que se evidencia a importância do compromisso de um "conhecimento" e "fazer" psicológicos na escola, atrelados à transformação social da sociedade brasileira. O psicólogo é visto aqui como agente social ativo, discutindo e redefinindo seu papel profissional na busca de uma maior contribuição na solução dos inúmeros problemas da educação no Brasil, como: alto índice de analfabetismo, evasão e reprovação, inadequação do ensino, desqualificação do professor, violência nas escolas, drogas, prostituição infantil, gravidez precoce, prevenção de DSTs etc.

De modo geral, atuação competente e tendências inovadoras têm surgido em todas as áreas da psicologia. Dados obtidos nas últimas pesquisas do Conselho Federal de Psicologia apontam para essa necessidade, havendo inclusive certa homogeneidade de propostas entre os profissionais das diferentes áreas, que se traduz em formação básica generalista sólida além da formação tecnicista (tão vigente ainda hoje nos cursos) e da ética comprometida com os problemas sociais.

Gostaria de reafirmar que os trabalhos contidos nessa parte inicial foram desenvolvidos há alguns anos na Universidade Federal do Ceará e não retratam a situação atual. Pelos dados da introdução, observa-se, no entanto, que as questões aqui abordadas ainda são, de certa forma, bastante "atuais" pelo enfoque abordado e pelos vários estudos e pesquisas apresentados sobre a psicologia escolar, os estágios supervisionados na área e a psicologia como categoria.

1. Uma experiência de ensino com enfoque sociopolítico*

Na verdade, foi a disciplina Psicologia Escolar que me proporcionou espaço para tantas reflexões novas. Todo o conteúdo da disciplina voltou-se para uma visão crítica do contexto educacional atual e qual o papel do psicólogo dentro desse contexto [...]. Tivemos a oportunidade de traçar paralelos entre uma visão essencialmente clínica de psicologia escolar e uma visão realmente comprometida com o social. (Depoimento de aluno comparando pré e pós-teste da disciplina cursada)

Verificamos uma grande quantidade de trabalhos e pesquisas que se propõem a compreender, enumerar e discutir os problemas da psicologia e da formação dos psicólogos.

A pesquisa promovida pelo Conselho Federal de Psicologia (Bastos; Gomide, 1989), em âmbito nacional, poderia ser enquadrada nessa proposta de compreensão da psicologia e, principalmente, de suas dificuldades, cuja investigação é fundamental para proporcionar questionamen-

---

* Trabalho apresentado e publicado nos Anais do I Congresso Nacional de Psicologia Escolar e Educacional, Abrapee/Puccamp, Campinas, São Paulo, 1991, p. 327-328.

tos e mudanças. Com base nas análises e discussões sobre a psicologia, é importante vislumbrar mudanças concretas de ação, que constituem um passo além das críticas e denúncias, na busca de um novo fazer.

No que diz respeito à formação acadêmica dos psicólogos, muito se tem dito e discutido, mas, concretamente, ocorreram poucas mudanças até o final da década de 1990, sobretudo em termos de reestruturação curricular mais efetiva e dos programas de ensino de forma mais marcante, que pudesse imprimir uma nova conotação teórico-prática na psicologia como categoria socialmente relevante.

Analisando, ainda hoje, os pressupostos teórico-metodológicos que orientam a formação acadêmica do psicólogo desde a regulamentação da profissão em 1962, observa-se que eles ainda carregam em seu bojo a visão mecanicista e adaptacionista de homem, com enfoque no clínico, no diagnóstico e no tratamento, numa visão eminentemente funcionalista.

O conhecimento, freqüentemente, é centrado muito no individual, excluindo uma análise mais aprofundada dos aspectos socioeconômicos e políticos, e contribuindo para a falta de contextualização do saber psicológico ao longo dos anos. Esse mesmo tipo de orientação também era adotado nas orientações teórico-práticas na área de psicologia escolar. Nossos questionamentos evolutivos e históricos a partir de agora ficarão mais restritos a essa área.

Analisando o papel do psicólogo escolar, Novaes (1976, p. 38) afirma que este deve:

> contribuir para um ajustamento global da criança [...] procurando encontrar soluções adequadas para as diversas situações ou dificuldades apresentadas pelos alunos através do diagnóstico, orientação e encaminhamento dos casos, além do estudo sistemático de todos os alunos do primeiro e último anos escolares.

Acredito ser de importância inegável, competente e marcante a influência de Novaes na formação dos psicólogos escolares nestes últimos vinte, trinta anos. Desde os anos 1980, contudo, teve início uma preocupação maior com a compreensão e a redefinição da psicologia escolar, começando sua evolução teórico-prática fora desse eixo individual adaptacionista.

Masini (1981, p. 41), com base em reflexões a respeito da atuação dos psicólogos escolares no Brasil e da discussão do papel social da

Psicologia e psicologia escolar no Brasil 31

escola, afirma: "O que queremos dizer é que o psicólogo escolar não deve acomodar-se ao 'psicologismo', tentando lidar com o aluno apenas na dinâmica intrapsíquica, mas considerando a sua realidade histórica e social".

Para superar a atuação individualista, principalmente no que diz respeito à solução de casos de "alunos problemas", a autora sugeria, já naquela época, um trabalho preventivo com pais e professores.

Patto (1981), ao analisar as relações entre sociedade, educação e psicologia escolar, possibilitou uma importante e aprofundada leitura crítica em relação aos conhecimentos, repassados nesta área, e ao papel assumido pelo psicólogo escolar na sociedade capitalista. Avaliando a formação dos psicólogos, a autora afirma:

> Privilegiando a formação em psicologia clínica em seu sentido mais restrito – ou seja, de diagnóstico e tratamento de distúrbios da personalidade [...] esses cursos não têm dedicado a devida atenção à formação do psicólogo de modo a motivá-lo e prepará-lo para o exercício de uma função profilática e libertadora junto às camadas oprimidas da população, na qual possa fazer psicologia sem psicologizar e fazer ciência sem cientifizar. (Patto, 1981, p. 2)

Patto (1984) aprofundou ainda mais as análises das relações entre escola, sociedade e psicologia escolar, discutindo a questão da ciência e da ideologia e abordando a evolução da psicologia à luz da concepção do materialismo histórico e dialético em sua tese de doutorado. Em meu entender, esse foi também um marco histórico na psicologia escolar, norteando estudos de vários profissionais.

Examinando os aspectos ideológicos subjacentes à formação e prática dos psicólogos escolares e com base em dados de uma pesquisa realizada em Fortaleza com profissionais da área, Balbino (1988) propôs uma prática psicológica nas escolas voltada para as mudanças sociais. Ressaltamos que o sentido dado aqui ao termo ideológico refere-se a "visões ideológicas", ou seja, visões sociais de mundo, que objetivam legitimar e manter a ordem social vigente, conforme Löwy (1985).

No entanto, apesar de tentar redefinir seu papel social e priorizar a psicologia escolar nos cursos, percebe-se, ainda hoje, que o "clinicismo" é destaque na formação e na prática psicológica em vários cursos no Brasil.

No mercado de trabalho, a psicologia clínica absorve 43,4% dos empregos; e a psicologia escolar, apenas 14,3%, o que evidencia a falta de foco dos cursos nessa área. Das atividades normalmente citadas pelos psicólogos escolares, muitas delas são também desenvolvidas pelos psicólogos clínicos, ocorrendo, portanto, poucas atividades e práticas específicas da área de psicologia escolar numa perspectiva mais sociopolítica.

Em Fortaleza, dados de uma pesquisa, apontam que 81% dos psicólogos escolares realizavam psicodiagnóstico e orientação individual nas escolas, e 68% exerciam outras atividades com predominância da atividade clínica em consultórios. Além disso, 58% dos profissionais atuantes haviam optado pelo estágio II (último) em psicologia clínica. Os números revelam grandes dificuldades quanto à formação profissional, identidade e conquista do mercado de trabalho em psicologia escolar, e, certamente, em uma nova pesquisa os dados acompanhariam essa mesma tendência.

Porém, há de se atentar para a complexidade da questão, buscando analisar a psicologia escolar no contexto das relações entre escola e sociedade (função reprodutora e transformadora).

Baseado nos escritos de Gramsci sobre a educação, ao analisar o papel da escola no processo de mudança social, diz Oliveira (1981, p. 67):

> [...] na sociedade capitalista, é a própria escola (seja ela pública ou privada) que produz tanto os intelectuais que vão servir à manutenção do poder do grupo dominante como os intelectuais que vão negar essa manutenção e, ainda, propor a sua superação [...].

Acreditando nesse espaço dentro das universidades, entendemos a importância dos professores que formam futuros profissionais, fazendo-se necessário reconhecer o nível de dificuldades e de alienação atuais e redimensionando os programas de ensino, com vistas à conscientização e à criação de uma nova prática psicológica.

Uma experiência de ensino inovadora em psicologia escolar

Propondo mudanças na formação e na prática do psicólogo escolar, o trabalho descrito a seguir tem o objetivo de relatar minha experiência de ensino na disciplina Psicologia Escolar I na Universidade Federal do Ceará, no período de 1986. Essa experiência inovadora foi uma tentativa de buscar um ensino de psicologia escolar mais comprometido com a realidade social, num processo de aprendizagem que articula a teoria à prática.

Ressaltamos que a teoria e prática, aqui, situam-se como algo transformador, em que a questão da utilidade não tem como referência o egoísmo e o interesse de cada um, mas é definida como utilidade social com vistas à transformação social, segundo Vásquez (1977).

1. Ementa da disciplina:

- Introdução à psicologia escolar: conceituação, delimitação da área e visão crítica da atuação profissional. Caracterização da escola em suas relações com a sociedade: transmissão e reprodução do saber.
- Educação e transformação social, educação brasileira e política educacional, psicologia e ideologia.
- Análise crítica da formação e prática do psicólogo escolar. Psicólogo escolar e mudança social: propostas alternativas de trabalho.
- Ensino de psicologia no ensino médio – uma reflexão.

2. Conteúdo programático:

A. Teoria

- Psicólogo escolar: conceituação, formação e atribuições profissionais.
- Organização e funcionamento de serviços de psicologia escolar: objetivos e atuação.
- Repensando a psicologia escolar: discussão das relações entre sociedade, educação e psicologia escolar. Psicologia e ideologia. Visão crítica da psicologia escolar, propostas alternativas de ação.
- Pressupostos teóricos da educação bancária e libertadora: educação como processo de democratização do saber. Leitura da realidade.
- Escola e democracia: teorias da educação e marginalidade. Teorias não críticas e crítico-reprodutivistas, educação, ideologia e mudança social.
- Escola para o povo: discussão dos objetivos educacionais, conteúdos de programas e caráter ideologizante da escola.

34 Vivina do C. Rios Balbino

- Educação brasileira: problemas e perspectivas. Visão crítica da educação brasileira.
- Psicólogo escolar e escola pública: problemas e perspectivas, compromisso com a realidade educacional brasileira e propostas.
- Formação do educador: papel do professor e dos especialistas da educação, divisão social do trabalho na escola, educador, ideologia e mudança social.
- Reflexão sobre o ensino da psicologia no ensino médio: de uma psicologia adaptacionista a uma fundamentada nas relações sociopolíticas entre escola e sociedade.

Além das unidades programadas, havia espaço para que os alunos sugerissem e desenvolvessem outros temas pertinentes à orientação teórica do curso, como discussão, no decorrer dos semestres, dos seguintes temas:

- Relacionamento professor–aluno; ensino centrado no aluno: fundamentação e análise crítica; pré-escola e psicologia escolar; psicologia escolar e educação alternativa com meninos de rua; educação popular: uma experiência em Fortaleza; orientação profissional: um novo enfoque e trabalhos alternativos em psicologia escolar.

B. Prática

- Trabalhos práticos: atividades nas escolas de Fortaleza com o objetivo de vincular a teoria à prática, numa preparação para o estágio.
- Elaboração de um anteprojeto de atuação em psicologia escolar, pautado na teoria discutida em sala de aula e na experiência vivenciada na escola durante a prática.

3. Metodologia:

A. Teoria

As duas primeiras unidades eram discutidas em sala de aula e, a partir daí, formavam-se grupos para apresentação, em forma de seminários, das outras unidades. A professora orientava os grupos na condução dos trabalhos, fornecendo uma bibliografia específica para cada tema. Buscando analisar e aprofundar a teoria, cada equipe, normalmente, utiliza-se de pesquisa de campo no levantamento de dados.

B. Prática

Paralelamente à elaboração dos seminários, grupos de alunos iniciavam também a atividade prática nas escolas, da pré-escola ao ensino médio, escolhendo a melhor opção de acordo com o interesse de cada equipe. Entretanto, incentivava-se a procura da escola pública por conta da orientação dos estágios.

Devido à utilização da mão-de-obra gratuita dos estagiários de psicologia pelas escolas particulares e observando o compromisso da universidade pública com as camadas populares, professores e alunos decidiram pela realização de estágios em escolas públicas, prioritariamente, optando pelas particulares somente em caso de remuneração (meio salário mínimo, compreendendo aproximadamente 6 horas semanais).

Para desenvolver essa prática, os alunos podiam utilizar entrevistas e questionários, orientando-se pelo seguinte roteiro:

- conhecimento da instituição, incluindo o levantamento das condições gerais de ensino e espaço físico;
- observação das relações professor–aluno, professor–professor, aluno–aluno, direção–professores, escola–comunidade;
- conhecimento dos programas e conteúdos de ensino;
- obtenção de informações acerca do nível de formação dos educadores e demais profissionais da escola. Conhecimento de seus papéis na escola;
- levantamento de dados sobre reprovação e evasão escolar. Conhecimento da atitude da escola frente a esses dados;
- obtenção de informações sobre os problemas e dificuldades gerais dos diversos segmentos da escola (alunos, professores, funcionários, diretoria, comunidade etc.);
- levantamento das expectativas da instituição quanto à atuação do psicólogo escolar;

- conhecimento do trabalho do psicólogo escolar na instituição, se existir;
- conhecimento e análise das formas de contato que a escola mantém com os pais dos alunos e com a comunidade;
- outros aspectos, dependendo do interesse das equipes.

4. Avaliando a experiência de ensino:

Colocando em prática uma nova maneira de se compreender e estudar a psicologia escolar, foi importante saber como os conhecimentos estavam sendo apreendidos pelos alunos e integrados à prática profissional.

Além dos dados das discussões e reflexões em sala de aula, e da elaboração dos anteprojetos (propostas concretas de ação), os alunos participaram de pré e pós-testes, para avaliar o nível de compreensão dos conhecimentos da psicologia escolar, antes e depois da introdução do referencial teórico-crítico aplicado.

A utilização desses procedimentos revestiu-se de grande importância, permitindo ao professor perceber como os conhecimentos eram integrados numa totalidade maior de estudos e reflexões. Procurando analisar essa questão, cito aqui a experiência vivenciada na disciplina.

Pré e pós-testes:

No semestre em análise, as perguntas do teste foram as seguintes:

1. Como você conceitua psicologia escolar?
2. Quais são as funções do psicólogo escolar?
3. O que você já estudou no curso de psicologia sobre psicologia escolar?
4. Que grau de importância você atribui a esta área?

No pós-teste, além dessas questões, foi acrescentado outro item, no qual o aluno deveria confrontar e analisar o conteúdo das respostas dadas por ele no pré e no pós-teste.

Ao comparar as respostas dadas pelos alunos no pré-teste, aplicado no primeiro dia de aula, com as respostas do pós-teste, aplicado no final do curso, e também por meio das discussões em sala de aula, foi

Psicologia e psicologia escolar no Brasil   37

observado que o curso, de modo geral, pareceu ter contribuído muito para uma mudança na visão dos alunos sobre psicologia, educação e sociedade, principalmente no que dizia respeito a uma maior compreensão dos seguintes aspectos:

- papel do psicólogo escolar como facilitador de transformações sociais, em vez de adaptador e ajustador numa ótica curativa e individualista;
- tipo de ideologia que tem perpassado a psicologia fundamentada nos pressupostos acríticos e adaptacionistas;
- concepção dialética da educação, contrariando uma visão idealista-funcionalista e reducionista da escola;
- papel da escola como espaço de luta político-social.

Analisando os depoimentos e/ou comentários obtidos do confronto das respostas dos dois testes, observa-se que esta atividade significou, em si, um importante instrumento de avaliação do nível de apreensão dos conteúdos veiculados no curso, ou seja, a associação da teoria à prática e do próprio grau de comprometimento social dos alunos. Vale ressaltar que os depoimentos eram anônimos, objetivando tão-somente analisar esse aspecto da aprendizagem, sem conotação de nota/conceito.

Como ilustração, apresentamos aqui alguns depoimentos de alunos contidos no pós-teste realizado:

A maior mudança que pude observar em mim foi a de pensar em um trabalho em escola com dimensões mais sociais. Vim cursar a disciplina com uma visão clínica da psicologia escolar, sem atentar para o sentido ideológico que esta visão pressupunha. Hoje, já penso o sistema escolar como um aparelho do sistema econômico dominante e vejo a necessidade urgente de se mudar esse estado de coisas.

É gratificante para mim, após ler o pré-teste realizado no início do curso, constatar as diferenças e ver o quanto cresci, quantos conhecimentos adquiri e como a minha visão em relação à psicologia escolar foi transformada e enriquecida.

[...] hoje, já consigo perceber o caráter ideológico deste tipo de prática psicológica e questiono a posição funcionalista da psicologia escolar. Dentro de uma postura mais realista e crítica, coloco a necessidade de se repensar a psicologia escolar de forma que se possa fortalecer o compromisso social com a realidade existente e possibilitar a transformação.

Na verdade, foi a disciplina Psicologia Escolar I que me proporcionou espaço para tantas reflexões novas. Todo o conteúdo da disciplina foi voltado para uma visão crítica do contexto educacional atual e sobre qual o papel do psicólogo dentro desse contexto [...]. Tivemos a oportunidade de traçar paralelos entre uma visão essencialmente clínica de psicologia escolar e uma visão realmente comprometida com o social.

Relendo o pré-teste realizado nos primeiros dias de aula, chego até a me surpreender. Apesar de já demonstrar um certo pensamento inovador, quando me refiro à necessidade de uma adequação bem maior no binômio escola–comunidade, me vi por demais ingênua ao escrever sobre o papel do psicólogo de modo a tentar adequar os alunos à escola. Sinto-me muito feliz ao ver o despertar de novos pensamentos e espero que esses pensamentos impliquem uma prática bastante comprometida.

5. Análise das propostas de trabalho (elaboração dos anteprojetos):

Conforme o programa da disciplina, a elaboração dos anteprojetos teria a finalidade de reunir, numa proposta concreta de trabalho, os conhecimentos adquiridos no curso, articulados à prática vivenciada pelos alunos na escola durante a disciplina.

Para a realização dos anteprojetos, os alunos foram orientados com o seguinte roteiro:

- caracterização da escola: dados da observação;
- justificativa e/ou introdução da proposta;
- objetivos: gerais e específicos;
- desenvolvimento:
- atividades e metodologia;
- recursos técnicos;
- cronograma;
- bibliografia.

Apesar das limitações teórico-práticas dos alunos nessa área específica da psicologia e da exigüidade do tempo para o desenvolvimento das atividades durante o semestre, constatou-se pelas próprias propostas dos alunos que os resultados foram significativos.

As dificuldades em formalizar uma proposta de trabalho se deram fundamentalmente na elaboração do item "atividades" – que representa o processamento em si do trabalho do aluno na escola –, para o qual é evidente que lhes faltava, na fase de elaboração do anteprojeto, aprofundamento teórico-prático na área de psicologia escolar.

A análise geral das propostas de atuação indicou um resultado bastante satisfatório, porque evidenciou que os alunos, apesar das dificuldades já relatadas, conseguiram articular, mesmo de forma precária, teoria e prática numa proposta concreta de trabalho que, via de regra, é praticada durante o estágio formal.

Na impossibilidade de comentar todas as propostas de trabalho, colocamos aqui algumas partes dos anteprojetos elaborados pelos alunos (itens: justificativa, objetivos e atividades).

Do item "Justificativa":

[...] Gostaria de salientar também a importância dos esclarecimentos e da ênfase que se deu à obtenção da visão dialética, que adquirimos a partir dessa disciplina. Eliminando a maneira como normalmente o senso comum faz a leitura da realidade (visão teoricista, alienada, fragmentada e superficial das coisas), passa-se a ter uma visão mais integradora, profunda e crítica da realidade. Hoje, sem dúvida, temos responsabilidade muito maior.

A importância de um trabalho prático associado a um arsenal teórico tem se tornado tão evidente que praticamente dispensa uma justificativa. A prática é o lugar de resultado das transformações e a mola propulsora do desenvolvimento teórico. É na prática que se entra em contato com as limitações da teoria e é a partir dela que se pode repensar os arcabouços teóricos [...].

O conteúdo teórico da disciplina Psicologia Escolar e Problemas de Aprendizagem I nos proporcionou sérias reflexões acerca da atuação do psicólogo nas instituições escolares. Vimos que o psicólogo escolar não é aquele que trabalha com as causas e os sintomas responsáveis pela não-aprendizagem, porque isso corresponde a uma visão estritamente clínica que cabe a nós, futuros profissionais de psicologia, erradicar. A elaboração de um anteprojeto de atuação em psicologia escolar justifica-se, por si só, uma vez que esse é, com certeza, fruto dessas novas reflexões tão oportunas e coerentes.

Do item "Objetivos":

Ampliar a visão da função do psicólogo dentro da escola numa perspectiva mais dialética, globalizante e transformadora, na tentativa de eliminar a idéia reducionista, que acredita ser papel do psicólogo somente o atendimento clínico a crianças-problema.

Uma vez tendo consciência da situação de nossas escolas, eu pretendo me comprometer, através de uma educação mais libertadora com professores e alunos visando à reflexão e conscientização de nosso papel como cidadãos num contexto de país de terceiro mundo e numa região bastante castigada como é a nossa.

Esclarecer o real papel do psicólogo escolar. Este sendo encarado como um agente de mudança, que busca melhorias sociais com essas mudanças, e não apenas como um mero "ajustador" de indivíduos a uma realidade escolar.

Favorecer o desenvolvimento de uma consciência crítica acerca da importância do papel de educador e de sua responsabilidade dentro do processo de formação de indivíduos mais livres e atuantes.

Buscar conhecer criticamente a instituição-escola, permitindo identificar suas contradições, sua estrutura concreta e simbólica no sentido de visualizar propostas de trabalho alternativas realistas e participantes.

Do item "Atividades":

Análise constante das correlações de força e do poder dentro e fora da escola, para se avaliar o espaço de mudança possível, e para buscar apoio e legitimação mais amplos das atividades, nos membros da escola.

Promover reuniões bimestrais, nas quais os professores colocariam os maiores problemas enfrentados naquele período e discutiriam abertamente as principais dificuldades que estariam enfrentando para realizar seu trabalho.

Enfatizar e colaborar no conhecimento do processo multidisciplinar da escola, visando à sua integração para se obter um trabalho unificado de equipe, havendo a desmonopolização do poder e do saber.

Promover a "integração" de que nos fala Paulo Freire pela qual o homem tem acesso à dignidade de pessoa humana, que participa plenamente na dialética homem–mundo.

Discussão sobre o trabalho: mesa redonda com diferentes profissionais, abordando o significado do trabalho para o homem.

Orientação e treinamento para os eleitos representantes de turma por dinâmica de grupo, estudos, avaliações, conceitos de poder, liderança etc.

Debates concernentes à relação professor–direção, no que se refere à descentralização do poder. Discussão sobre a atuação dos professores na elaboração de programas, atividades e currículos.

Conclusões

Acredito que a experiência aqui descrita tenha contribuído para materializar uma forma concreta de ação, visando redefinir e priorizar a psicologia escolar como atividade teórica e prática nos cursos de psicologia. Além disso, esse trabalho suscitou discussões quanto à melhoria da formação e da prática do psicólogo escolar – área ainda carente de produção científica no Brasil, principalmente nesse enfoque.

Entendemos que os problemas referentes à formação e prática do psicólogo são complexos e transcendem o âmbito da psicologia, passando pelos condicionamentos políticos e econômicos da estrutura social e pela finalidade da educação. Entretanto, é importante para a comunidade de psicologia tentar, por meio de mediações, materializar uma prática que transforme o quadro atual de dificuldades, principalmente contando com a participação dos cursos de psicologia e dos órgãos representativos da categoria profissional.

Aos *cursos*, é preciso redimensionar o currículo de graduação do psicólogo, proporcionando o conhecimento total da psicologia, devidamente inserido no contexto social, econômico e político da sociedade, de forma a elevar o nível de ensino apresentado.

De forma específica, ressaltamos a necessidade da implementação de mais disciplinas diretamente ligadas à área de psicologia escolar, visando o aprofundamento teórico-prático tão necessário ao desempenho profissional com competência.

Aos *órgãos representativos da categoria profissional*, cabe a criação de estratégias políticas, na luta pela ocupação digna do espaço profissional.

2. Psicólogos escolares em Fortaleza: formação e atividade profissional*

No que diz respeito às possíveis causas da evasão, repetência e reprovação nas escolas públicas, 86% dos entrevistados assinalaram a inadequação do ensino, 68% deles marcaram distorção na política educacional brasileira, enquanto 40% situaram o problema na desnutrição das crianças. Apenas 9% dos profissionais atribuíram o problema à baixa capacidade cognitiva das crianças de baixa renda. Os dados surpreenderam, uma vez que a formação dos psicólogos, de modo geral, tem se dado à margem da escola pública e da contextualização da educação.

Este trabalho constituiu uma tentativa de avançar na compreensão da psicologia escolar, especificamente dos aspectos ligados ao caráter ideológico da formação e da prática e à contextualização da atividade profissional.

---

* Trabalho publicado na *Revista Ciência e Profissão* – Conselho Federal de Psicologia, 2-3-4/90, p. 50-57 e apresentado no I Congresso de Psicologia Escolar e Educacional, Abrapee, Valinhos, São Paulo, 1991.

No Brasil, a produção científica nessa área ainda é baixa, provavelmente uma conseqüência natural da predominância do enfoque clínico nos cursos de formação do psicólogo, fazendo que áreas importantes como psicologia escolar não sejam priorizadas como atividades profissionais e objeto de investigação.

Contudo, não resta dúvida de que a referida área vem conquistando espaço nos últimos anos, ocorrendo uma maior discussão de sua identidade profissional e suas dificuldades, na busca de uma participação mais efetiva e valorizada do profissional na sociedade, destacando-se, como exemplo, o movimento nacional pela criação da Associação Brasileira de Psicologia Escolar e Educacional (Abrapee), com suas seccionais regionais.

Abordaremos aqui alguns desses estudos e levantamentos de dados para estabelecer relações ou parâmetros com os resultados obtidos na pesquisa desenvolvida por nós, em Fortaleza, a ser analisada adiante.

Almeida (1983), ao descrever o papel dos psicólogos escolares em João Pessoa, afirma que a atividade desenvolvida mais freqüentemente por esses profissionais é o atendimento a pais, professores e alunos. Analisando a prática dos psicólogos escolares, a autora propõe seu redirecionamento, tendo em vista a forte ligação da prática atual com o modelo clínico, e prega um trabalho mais voltado para os aspectos sociopsico-educacionais, levando em conta as necessidades da realidade escolar, e conclui mostrando a necessidade de revisar os currículos de formação do psicólogo.

Borges Andrade, Cunha e Costa (1983), por sua vez, ao detalhar a atuação do psicólogo no Distrito Federal e em Goiás, caracterizam a área de Psicologia Escolar como a área de psicologia que detém o menor número de profissionais, com apenas 12% dos psicólogos, oferecendo pouca atração entre os profissionais, e apresentando-se em franco declínio na região. Ainda segundo esses autores, as causas para semelhante quadro são: situações da educação no país nos últimos anos, baixos salários, más condições de trabalho, situação privilegiada do pedagogo na escola, indefinição do papel do psicólogo escolar e o crescimento da área organizacional, deslocando profissionais originários da área escolar.

Patto (1984), caracterizando o psicólogo escolar em São Paulo e analisando a maneira como eles representavam a realidade social e escolar, chega às seguintes conclusões: poucos são os profissionais que têm cursos de pós-graduação; um grande percentual dos profissionais exerce concomitantemente atividades clínicas em consultórios particulares; é crescente o interesse pela área de psicologia escolar nos últimos anos; as dificuldades da escola pública de ensino fundamental são geralmente vistas no âmbito da própria escola; as causas de reprovação de alunos recaem predominantemente sobre o aluno e a família; as medidas para redução das reprovações dizem respeito à melhoria de ensino, sendo quase sempre de cunho técnico; os professores dessas escolas são vistos, normalmente, como pessoas desinteressadas e acomodadas; os alunos, por sua vez, são vistos de forma estereotipada, sendo que 90% são classificados como portadores de sérias deficiências (carência cultural); a escola é percebida como instituição que prepara o indivíduo para viver positivamente na sociedade; e, quanto às atividades desenvolvidas pelos profissionais, estas constituem basicamente formas de psicodiagnóstico e orientação psicológica aos alunos. Discutindo o caráter ideológico da psicologia escolar, a autora propõe a busca de uma psicologia pautada nos interesses populares a serviço de uma transformação social.

Pesquisando a ideologia do trabalho do psicólogo em São Paulo, Gil (1985) descreve a área de psicologia escolar como a que reúne o menor número de psicólogos e oferece menor atração. O autor associa esse fato ao desprestígio da área nos cursos de formação e à posição privilegiada do pedagogo em relação ao psicólogo, na escola, por conta da legislação vigente.

Wechsler (1987) caracteriza os psicólogos escolares do Distrito Federal da seguinte forma: 90% possuem apenas cursos de graduação, e as atividades por eles desenvolvidas constituem, predominantemente, aplicação de testes e orientação psicológica. As dificuldades encontradas nas práticas provêm da própria escola em termos de espaço físico, condições materiais, relação com outros profissionais e expectativas fantasiosas com relação ao trabalho.

Balbino (1988), ao analisar os aspectos ideológicos subjacentes à prática psicológica de modo geral, centraliza a discussão na análise mais específica da psicologia escolar, quanto à gênese e à evolução de sua prática nas escolas. Conclui mostrando a necessidade de uma revisão teórico-metodológica da psicologia e procura apontar alternativas para uma psicologia escolar mais comprometida com as mudanças sociais.

Psicologia escolar em Fortaleza: dados de um estudo

Aspectos metodológicos

Para o levantamento dos dados referentes à formação e à prática dos psicólogos escolares em Fortaleza, em 1986, foram usados questionários, que possibilitaram a apreensão dos dados de uma forma abrangente e uniformizada, visando ao delineamento do perfil desse profissional.

No questionário havia perguntas fechadas, permitindo uma análise quantitativa dos dados e uma caracterização generalizada dos profissionais. Para suprir as limitações da utilização desse questionário, no que concerne ao aprofundamento do conteúdo e aos aspectos subjetivos do informante, foi deixado um espaço para observações complementares no final de cada questão. Esse instrumento de coleta procurou abranger dados da prática do profissional como: tempo de experiência na área de psicologia escolar, opção de estágio II, atividades profissionais desenvolvidas, características da instituição de trabalho, horas semanais de trabalho e salário. Além disso, avaliava aspectos da formação acadêmica e, concomitantemente, da atuação profissional quanto às dificuldades e sugestões e dados sobre a visão de psicologia escolar e educação.

A elaboração da lista de psicólogos atuantes constituiu-se numa árdua tarefa, devido à alta rotatividade dos profissionais e, principalmente, à falta de um banco de dados dos profissionais de psicologia no Ceará – dificuldade freqüentemente encontrada ao buscar dados de profissionais nos Conselhos Regionais de Psicologia (CRPs). Buscamos a ajuda da coordenação do curso de psicologia, da Associação Cearense dos Psicólogos e, em especial, de ex-alunos, para a efetivação da lista dos profissionais com os respectivos endereços. Na época da pesquisa, foram identificados apenas 22 profissionais.

Houve preocupação em observar os profissionais que foram contratados de fato como psicólogos na escola, pois nessa época não existia ainda o cargo de psicólogo nas redes estadual e municipal de ensino no Ceará, e a atuação do profissional em outras funções na escola poderia descaracterizar nossos dados.

Análise dos resultados

Procurando tornar mais objetivo o relato, os dados foram agrupados nos seguintes grupos:

- informantes, instituições e população atendida;
- dificuldades encontradas na formação e no exercício profissional;
- percepção de fatos como: evasão, repetência, conceito de escola e de educação.
- atividades desenvolvidas pelos psicólogos nas escolas.

Dados dos informantes, das instituições e da população atendida

A grande maioria dos psicólogos entrevistados – 81% – formou-se pela Universidade Federal do Ceará, e os demais pelas universidades do Rio de Janeiro, da Paraíba, de Pernambuco e da PUC de Campinas-SP. Eram profissionais com pouca experiência profissional – em média, quatro anos. No que diz respeito à complementação dos estudos de pós-graduação, apenas 9% dos entrevistados freqüentavam, à época, cursos de especialização na área de pré-escola e psicodrama.

Com relação à opção de estágio II, apenas 22% dos entrevistados haviam escolhido a área de psicologia escolar, enquanto 58% elegeram a área clínica. Quanto à natureza das instituições, a maior parte dos profissionais atuava em escolas particulares, constituindo 91% do total.

No que concerne ao exercício profissional, constatamos que 68% dos psicólogos escolares exerciam, concomitantemente, atividades em outras áreas, notadamente em consultórios particulares.

Quanto ao vínculo empregatício com a instituição, 78% deles eram contratados pela Consolidação das Leis Trabalhistas, e os demais trabalhavam como prestadores de serviços, como horistas, "à disposição", e outros.

O número médio de tempo de trabalho na escola era de 22 horas semanais; a carga horária semanal variava de 8 a 40 horas. O maior salário correspondia a 40 horas semanais na escola.

Sobre a população atendida, observamos que 50% dos profissionais atuavam na pré-escola, seguido pelo ensino fundamental I e pelas escolas especiais. Observamos, por outro lado, que o curso pré-vestibu-

Psicologia e psicologia escolar no Brasil 47

lar e o ensino fundamental II constituíram áreas de menor ocupação por parte dos psicólogos escolares – cerca de 13%.

Dados sobre dificuldades encontradas na formação e no exercício profissional

Com relação às dificuldades encontradas no exercício profissional, em que se poderia marcar duas alternativas, 59% dos entrevistados assinalaram dificuldades advindas de uma formação acadêmica precária, sendo que 50% apontaram a falta de associação da teoria à prática, enquanto 32% citaram pouco tempo disponível na escola, percepção do psicólogo como solucionador de todos os problemas, menosprezo do profissional pela instituição, conflito entre os profissionais da escola quanto ao papel do psicólogo escolar e pouca valorização do seu trabalho. Nesse aspecto, é bom ressaltar que o orientador educacional tem sua profissão regulamentada desde 1973, com atribuição específica na escola.

No que diz respeito à formação profissional do psicólogo, 90% dos entrevistados consideram importante a articulação entre teoria e prática (práxis), e 45% deles consideraram importante o enfoque sociopolítico no curso, bem como o conhecimento de dados da educação brasileira.

No quesito sugestões para diminuir as dificuldades encontradas no exercício da profissão, 77% acharam necessário melhorar o nível de formação do psicólogo; 45% preferiram a busca de práticas alternativas de psicologia, inspiradas numa concepção dialética, e apenas 32% consideraram necessário repensar a prática existente.

Dados sobre a percepção de assuntos relativos à psicologia escolar como: evasão, repetência, reprovação, conceito de escola e educação e percepção do próprio trabalho

A grande maioria – 95% dos entrevistados – caracterizou a escola como reprodutora dos costumes, valores e idéias da classe que a instituiu, e 59% acharam que ela se caracteriza pelo oferecimento de ensino deficiente para crianças de baixa renda. Por outro lado, apenas 9% reconheceram que a escola garante formação de bom nível, e somente 4% viram nela a possibilidade de oferecer educação consciente e emancipa-

48 Vivina do C. Rios Balbino

dora. Verificou-se, portanto, uma grande variação da visão de escola por parte dos profissionais – de instituição social positiva à instituição social ideológica e inculcadora dos valores dominantes.

No espaço reservado a observações, dois dos entrevistados assinalaram que a escola particular cumpre seu papel de escolarizar bem e possibilita uma educação emancipadora, e um profissional acredita que ela só se preocupa com o aspecto cognitivo na aprendizagem.

Na caracterização do trabalho do psicólogo escolar, 68% dos entrevistados consideraram que seu papel deve ser de observador e crítico das condições de ensino e da escola, enquanto 64% afirmaram que devem desempenhar papel de agente de reflexão e transformação social.

Por outro lado, apenas 18% dos entrevistados perceberam o psicólogo como solucionador de problemas dentro da escola, e somente 13% acreditavam caber ao psicólogo o papel de orientador, conselheiro e terapeuta. No entanto, veremos adiante que essas visões não condizem com as atividades desenvolvidas, na prática, pelos profissionais. Além disso, alguns observaram a necessidade do trabalho preventivo, principalmente com pais e professores.

Sobre a caracterização da área de psicologia escolar, 90% dos entrevistados acreditam que esta oferece um vasto campo de atuação dentro da escola, e 86% acharam que a área possibilita um trabalho de transformação social. No espaço de observações, apenas um entrevistado caracterizou a área como complexa, necessitando de conhecimento nas diversas áreas da psicologia da educação e da política educacional.

Dados sobre as atividades desenvolvidas pelos profissionais nas escolas

A pesquisa apontou que 73% dos profissionais exerciam exclusivamente a função de psicólogo na escola, enquanto o restante desempenhava concomitantemente outras atividades, como ajuda à direção, à coordenação e eventual substituição de professor.

No que diz respeito às atividades desenvolvidas, despontou como mais freqüente a realização de psicodiagnósticos, orientação e aconselhamento (81%). Em seguida, atividades desenvolvidas com grupos de pais e professores (77%) e participação na organização do trabalho escolar (68%). Orientação vocacional e apoio aos movimentos reivindicatórios das diferentes categorias profissionais constituíram os menores índices de atividades desenvolvidas (18%). Por conta da limitação do instrumento de coleta utilizado, não ficou clara, porém, a natureza das atividades desenvolvidas com os grupos de pais e de professores. Orientação de grupos? Seminários? Verificou-se uma discordância da visão que os profissionais tinham de psicologia escolar e as atividades desenvolvidas na prática.

Como outras atividades desenvolvidas pelos profissionais nas escolas, foram incluídas: grupo operativo com funcionários e professores, grupo de Gestalt com alunos de ensino fundamental I, grupo de vivência com adolescentes, ludoterapia, programas na área de psicomotricidade e dinâmica de grupo.

Na parte final, os profissionais puderam citar autores de livros que orientavam sua prática profissional. Na maioria dos casos, foram apontados autores de psicologia escolar e de clínica voltada à orientação e testes psicológicos mais especificamente, seguidos por autores das áreas de psicologia do desenvolvimento, psicologia do excepcional e psicomotricidade, com um reduzido número de autores da área de educação, sociologia e filosofia. O fato, mais uma vez, confirma a tendência clínico-conservadora que permeia a formação e prática do psicólogo.

Conclusões

Pelos resultados, pode-se concluir que os dados colhidos nesse estudo, de certa forma, confirmam outros já existentes na área, quanto às dificuldades e à caracterização da atividade profissional do psicólogo escolar numa análise mais qualitativa. No entanto, esses dados evidenciam uma série de fatores intrínsecos à questão da formação, prática e contextualização da atividade profissional que precisam ser analisados. Portanto, é necessário, além de analisar esses resultados, tentar também apontar, mais adiante, saídas ou alternativas visando à superação dessas dificuldades.

Quanto aos dados sobre os profissionais, podemos concluir que a maioria (86%) atuava em instituições particulares de ensino, havendo maior concentração na pré-escola e no ensino fundamental I. (Deve ser ressaltado o fato de que inexistia em 1986 o cargo de psicólogo nas redes estadual e municipal de ensino em Fortaleza.) A média de horas semanais na escola situava-se na faixa de 22 horas, o que, de certa for-

50 Vivina do C. Rios Balbino

ma, inviabilizava uma proposta abrangente de trabalho. Além disso, observou-se que 68% deles exerciam concomitantemente outras atividades, ganhando grande destaque a atividade clínica desenvolvida em consultórios particulares, gerando dúvida quanto à atividade profissional principal.

No que se refere à formação acadêmica, podemos dizer que, apesar do crescente interesse pela área de psicologia escolar, a área clínica continua cooptando o maior contingente de alunos do curso. Sobre a formação, os profissionais identificaram como falhas: falta de aprofundamento dos conhecimentos na área, desarticulação teoria–prática e falta de enfoque sociopolítico no curso, bem como de dados sobre educação brasileira.

Podemos concluir que as dificuldades na prática profissional dizem respeito à falta de melhor preparo profissional e problemas na escola, referentes à delimitação do seu papel e à defasagem salarial. Quanto às atividades desenvolvidas, observamos que 81% trabalhavam com psicodiagnóstico e orientação individual, caracterizando uma atividade essencialmente clínica, enquanto 68% dos profissionais trabalhavam na organização do trabalho escolar. Porém, é necessário atentar para a natureza desse tipo de trabalho – legitimador ou de crítica? Cumpre ressaltar a questão da divisão social do trabalho na escola e a função ideológica dos especialistas da educação (Coelho, 1984), para que o papel do psicólogo escolar seja compreendido nessa perspectiva de análise.

No que concerne à contextualização da atividade profissional, do ponto de vista teórico, pareceu haver uma compreensão contextualizada dos condicionantes socioeconômicos e políticos: 86% creditaram à inadequação do ensino fatos como reprovação, evasão e repetência; 95% caracterizaram a escola como reprodutora de costumes e idéias da classe que a institui; e 86% descreveram a área de psicologia escolar como um trabalho ligado à transformação social.

Em resumo, de acordo com a análise dos dados obtidos, a prática empreendida pelos profissionais evidenciaram o caráter clínico-conservador da atividade, caracterizando, de certa forma, uma dissociação teoria–prática. A questão, no entanto, é complexa e transcende o âmbito da psicologia, situando-se mais diretamente na contextualização do saber na sociedade capitalista. Sobre a associação teoria e prática, Vásquez (1977, p. 171) comenta: "Ainda que a teoria seja formulada com esse duplo aspecto (como fundamento de ações reais e como crítica teórica), nem por isso deixa de ser teoria, isto é, não é em si atividade prática".

Psicologia e psicologia escolar no Brasil   51

Sabemos que os cursos de formação de psicólogo, de modo geral, não possibilita a inserção do saber psicológico no âmbito da dialética, como forma de proporcionar uma prática transformadora – daí a importância da educação que, além do papel ideológico, deve colocar-se a serviço da transformação social, por conta de suas próprias contradições.

As análises e as conclusões mostradas aqui, evidentemente, referem-se aos psicólogos escolares em Fortaleza no período de 1986 a 1987, mas também refletem a situação da psicologia como um todo, no que diz respeito aos aspectos da formação e da prática profissional. Como vimos, as dificuldades são inúmeras e complexas, mas não basta apenas apontá-las, é necessário, além das denúncias e críticas, a busca de encaminhamentos práticos que transformem essa situação problemática.

Entretanto, temos consciência da complexidade da questão, visto que transcende o âmbito da psicologia escolar, e relaciona-se à psicologia como um todo, aos pressupostos teórico-metodológicos que orientam a formação e prática dos psicólogos. Neste sentido, entendemos que é preciso um engajamento maior por parte dos professores e alunos, a fim de redimensionarem os currículos de psicologia do ponto de vista teórico-prático, proporcionando a devida contextualização do ensino em seus aspectos socioeconômicos e políticos, de maneira a proporcionar a formação de profissionais conscientes, críticos, comprometidos com a realidade social e capazes de aproveitar as contradições sociais em favor de uma prática transformadora. Também se faz necessário repensar o mito da psicologia clínica nos cursos e resgatar as demais áreas de aplicação, especialmente a escolar.

Numa ação conjunta, entendemos que cabe aos órgãos representativos da categoria profissional (CFP, CRPs, sindicatos e associações de psicologia) a luta pela ocupação digna do espaço profissional da categoria numa atividade eminentemente política, que poderia incluir desde alterações na legislação vigente, até o esforço maior na criação e aprovação de leis, para obter maior e melhor espaço profissional na iniciativa privada e nos órgãos públicos. É importante que os profissionais repensem sua atividade na comunidade escolar, redefinindo seu papel e ocupando espaços alternativos de cunho mais dinâmico e crítico com vistas à transformação social, segundo Saviani (1984), a partir do desempenho como "agente social" dentro da escola.

3. Estágios em psicologia escolar: reflexões e relato de uma pesquisa na Universidade Federal do Ceará*

Introdução

Com base em dados de sua pesquisa, na qual constatou o baixo nível do ensino de psicologia no Brasil, Gomide (1988, p. 85) comenta:

> Evidentemente, este diagnóstico não deverá agradar à maioria dos psicólogos, muito menos ao conjunto de profissionais responsáveis pela sua formação – os docentes. No entanto, estes dados deverão servir para respaldar as atitudes daqueles que com mais entusiasmo e competência lutam por um ensino de psicologia de melhor qualidade, pois atitudes ineptas ou negligentes não poderão mais ser, como até então foram, atribuídas à ignorância dos fatos. Creio que este diagnóstico, embora preocupante, propiciará condições para análise, discussões e sugestões importantes, pois enxergar melhor a realidade favorece sem dúvida alguma a escolha dos

---

* Trabalho publicado na *Revista de Psicologia* – UFC, n. 7, v. 1 e 2, p. 79-96, e apresentado no I Congresso Nacional de Psicologia Escolar e Educacional, Abrapee, Campinas, São Paulo, 1991.

Psicologia e psicologia escolar no Brasil — 53

caminhos mais adequados para assegurar, no futuro, a qualidade do ensino de psicologia no Brasil.

É nesse contexto que se insere o presente trabalho, levantando questões a respeito da formação do psicólogo, mais especificamente acerca dos estágios supervisionados em psicologia escolar, além de apresentar dados de uma pesquisa realizada com os estagiários e as escolas.

Buscando aprofundar o assunto, torna-se necessário refletir quanto aos pressupostos teórico-metodológicos que orientam a prática psicológica de um modo geral, analisando seu papel social numa sociedade de classes. A questão é complexa e deve ser analisada numa perspectiva histórica. Muitos são os autores que se preocupam em questionar os pressupostos ideológicos subjacentes à prática psicológica, como Patto (1981; 1984), e fala-se muito na crise de identidade profissional do psicólogo, na pluralidade de referenciais teórico-práticos, na inconsistência de seus princípios e no caráter psicológico de sua prática (Drawin, 1985).

Porém, o que se vem fazendo neste sentido? No caso específico da psicologia escolar, qual é a identidade assumida pelo profissional? Até que ponto a psicologia escolar contribui para a democratização da escola e da educação? Qual visão da escola e da sociedade é veiculada nos cursos de psicologia? Como os profissionais analisam e abordam a questão da evasão, do fracasso escolar e de tantos outros problemas referentes à educação brasileira?

Percebe-se que, embora o assunto "formação do psicólogo" ocupe espaços em publicações recentes e denuncie fatos como existência de teorias e métodos psicológicos multifacetados, supervalorização do enfoque clínico em detrimento de um aprofundamento sociopolítico, evidências do caráter ideologizante de sua prática, falta de preparação para pesquisa, entre outros, ainda são poucas as propostas concretamente apresentadas, notadamente, ao fazer acadêmico e, mais especificamente, aos estágios supervisionados em psicologia escolar. Via de regra, as análises são gerais e denunciam a estrutura vigente nos cursos, como coloca Melo (1981, p. 425):

> Os estágios obrigatórios e com supervisão sofrem vários tipos de restrições: de espaço, de tempo, de disponibilidade dos professores para supervisão, do tipo de clientela que procura os serviços gratuitos de psicologia,

do fato de os estágios serem apêndices de cursos teóricos, da fragmentação do conhecimento, e assim por diante.

Essa mesma autora (op. cit., p. 17), avaliando a formação do psicólogo à época, escreve:

> De forma geral, o que não estamos sabendo fazer é voltar à formação (não somente do psicólogo como também de outras profissões) para encontrar as pontes com a comunidade mais ampla. Não estamos conseguindo construir essas pontes que apreendem o social como um todo.

Por outro lado, exemplos de tentativas ou mesmo concretização de reestruturação curricular ocorreram na Universidade Federal da Bahia (Chaves, 1989) e na Universidade Federal de Santa Catarina (Medeiros, 1989).

No final da década de 1980, vivenciávamos uma experiência de reestruturação curricular no Departamento de Psicologia da Universidade Federal do Ceará, para proporcionar uma formação mais totalizante e comprometida com a realidade social.

A pesquisa de Bastos e Gomide (1989), por exemplo, embora tenha abordado questões importantes da formação e atuação profissional dos psicólogos no Brasil, não oferece dados mais detalhados sobre os estágios nos cursos de psicologia, ou seja, opções oferecidas, programas, metodologias e ocupação do mercado de trabalho. Evidentemente, os estágios constituem parte importante da formação profissional, principalmente pela defasagem teórico-prática existente, mas ainda não têm o espaço merecido na discussão geral da formação profissional.

A área de psicologia escolar, pela própria legislação curricular vigente e imposta desde 1962, que privilegia a área clínica, ressente-se ainda mais de uma reestruturação e priorização no currículo. Conforme pesquisa já apresentada, realizada em Fortaleza, 58% dos psicólogos atuantes no sistema educacional local haviam optado pelo estágio II (último e única opção) na área de psicologia clínica, e não na de psicologia escolar, caracterizando, assim, o fazer essencialmente clínico nas escolas – 81% deles.

Além desses aspectos, também se mostra importante uma reorientação dos estágios em psicologia escolar como forma de consolidar o referencial teórico-prático veiculado nos cursos.

Psicologia e psicologia escolar no Brasil 55

Considerações gerais sobre os estágios em psicologia na UFC

Na Universidade Federal do Ceará, até os anos 1990, os estágios em psicologia compreendiam atividades nas três áreas básicas, ou seja, escolar, clínica e organizacional, perfazendo um total de 500 horas. No estágio I, as três áreas são obrigatórias, devendo o aluno optar por uma única área no estágio II. Pela citada reestruturação curricular, pretendia-se colocar a área de psicologia social e comunitária como outra opção.

Nas Normas Gerais do Estágio, estão contidas as orientações gerais que regulamentam os estágios, como: total de horas de atividades a cumprir em cada área, no estágio I e no estágio II, total de horas de supervisão, modelo do plano de estágio II (proposta de trabalho) e modelo do relatório final, além de outras especificações e de modelos de fichas para o cômputo dos dados de atividades desenvolvidas nas supervisões e nas instituições.

Das três áreas oferecidas para estágio na UFC, a de psicologia clínica ocupava o primeiro lugar na preferência dos alunos praticamente desde o início do curso. Porém, nos semestres seguintes, a situação se modificou, provavelmente conseqüência de um esforço maior dos professores das áreas escolar e organizacional no sentido de envolver mais os alunos em atividades teórico-práticas e pesquisas das áreas.

No semestre avaliado (final dos anos 1980), era este o quadro de opção para o estágio II: psicologia escolar com 2 alunos, organizacional com 7 alunos e clínica também com 7 alunos. No semestre de 1990, surpreendentemente 14 alunos optaram por psicologia escolar, 4 por organizacional e 11 pelo estágio em clínica.

Em 1991, o quadro apontava estágio em psicologia escolar com 6 alunos, organizacional com 6 e clínica com 7 estagiários. As opções realmente surpreenderam, principalmente ao levar em conta o enfoque curricular essencialmente clínico ainda vigente na época. Além da formação, torna-se necessário o engajamento dos profissionais nas questões relativas ao reconhecimento e à valorização da área.

De modo geral, todas as pesquisas realizadas no Brasil sobre a ocupação profissional dos psicólogos, por áreas de atuação, mostram a área clínica sempre com maior concentração de profissionais. É necessário, porém, que esses dados sejam analisados com o aprofundamento da contextualização dessa prática. Sobre isso, Leite e Guirado (1987, p. 17) fazem uma pertinente análise: "No entanto, deve-se destacar que a maioria dos psicólogos que elegeram os consultórios como atividade principal mantém um segundo emprego, geralmente numa instituição educacional, de onde tiram basicamente recursos para o seu sustento". Esses estudos sobre as áreas de atuação profissional necessitam ser aprofundados, pois é importante ter competência em diversas áreas.

Estágio em psicologia escolar na UFC – Uma experiência

Com base em reflexões acerca da formação e prática do psicólogo escolar, este livro relata também uma pesquisa realizada com estagiários e escolas, para avaliar a experiência colocada em prática no semestre em questão. Além do cumprimento das normas específicas quanto às horas de atividades na escola (estágio I ≥ 75 horas e estágio II ≥ 150 horas) e ao número de supervisões, houve uma modificação na orientação filosófica: de um trabalho clínico/adaptacionista a uma proposta dinâmica sociopolítica voltada para a conscientização e mudanças sociais a partir da escola. De acordo com dados anteriores, optou-se pelo trabalho exclusivamente em escolas públicas no semestre em análise. Atualmente, houve modificação na proposta, incluindo a escola particular cujo estágio seja remunerado em pelo menos meio salário mínimo; na época, contudo, o fato gerou inúmeras resistências por parte de alunos e professores.

É importante ressaltar que essa pesquisa realizada enquanto a autora era coordenadora da área de psicologia escolar foi discutida com supervisores de estágio na área, que colaboraram na entrega dos questionários aos estagiários.

Essa experiência constituiu mais uma tentativa na busca de um ensino de psicologia escolar mais comprometido com a realidade social, num processo de aprendizagem que tenta articular a teoria à prática. Ressaltamos que teoria e prática, aqui, situam-se no plano de uma prática transformadora, na qual a questão da utilidade é definida, segundo Vásquez (1977), como utilidade social com vistas à transformação social.

Questões metodológicas da pesquisa

Para avaliar os trabalhos dos estágios e a própria experiência, foram elaborados dois questionários. Um dirigido aos estagiários de psicologia escolar matriculados naquele semestre, abordando os seguintes aspectos: clientela atendida, escolha da escola, visão do trabalho escola pública/escola particular, atividades desenvolvidas, dificuldades encontradas, minimização das dificuldades, análise das supervisões de estágio e sugestões para a melhoria dos estágios.

Outro foi dirigido às escolas, mais especificamente pelos profissionais responsáveis pelo acompanhamento das atividades do estagiário na instituição, contendo os seguintes dados: função do profissional que acompanhou o estagiário, atividades desenvolvidas pelo estagiário, dificuldades sentidas, atitudes da escola para minimizar dificuldades, percepção do trabalho do estagiário, visão do papel do psicólogo escolar e sugestões para a melhoria dos estágios.

Na coleta dos dados, foram utilizados questionários com itens objetivos, nos quais se podia assinalar mais de uma alternativa. Além disso, havia questões abertas (subjetivas), justificativas e espaços que permitiam respostas e comentários individuais, enriquecendo a pesquisa do ponto de vista de uma análise qualitativa.

Análise dos dados

O tratamento foi feito, num primeiro momento, por meio do cálculo do percentual de cada item dos questionários (profissionais e estagiários), além do registro com o percentual dos dados contidos também nas respostas de justificativas e espaços em branco. Eram 24 os estagiários da área naquele semestre (I e II). Dos 24 questionários, apenas 18 foram devolvidos. Nas questões objetivas com múltipla escolha, nem sempre a soma dos percentuais perfazia 100%. De um modo geral, houve arredondamento para facilitar os cálculos, e quando havia um grande número de respostas, eram selecionados os maiores. Num segundo momento, visando a objetividade da análise dos dados, todas as informações coletadas foram agrupadas nas seguintes categorias: clientela atendida; razões que levaram à escolha da escola; percepção do trabalho: escola pública *versus* escola particular; atividades desenvolvidas; dificuldades encontradas; percepção da formação acadêmica; sugestões visando melhorias no estágio.

A pesquisa com as escolas (instituição responsável pelo estagiário) sondava: localização das escolas, supervisão das atividades na escola, atividades desenvolvidas pelos estagiários, dificuldades sentidas durante o estágio, percepção do estágio, percepção do trabalho do psicólogo escolar e sugestões visando melhorias do estágio.

Resultados da pesquisa

QUESTIONÁRIOS APLICADOS AOS ESTAGIÁRIOS

CLIENTELA: podemos notar uma grande diversificação quanto à clientela atingida pelos estagiários. A maior concentração ocorreu no ensino fundamental menor (39%), seguido do ensino fundamental maior (28%), com maternal, jardim e alfabetização somando 20%. Apesar do número reduzido, também houve atendimento a classes especiais (6%) e ao menor infrator (6%).

ESCOLHA DA ESCOLA: a maioria dos estagiários (88%) optou por aquelas que eles já tinham um conhecimento prévio e/ou algum contato com a diretoria ou, ainda, pela proximidade entre escola e casa. Outro fator que pesou bastante foi a disponibilidade de horários, em que se percebeu uma preferência pela escola noturna. Outros ainda preferiram trabalhar com meninos de rua (6%) e uma pequena parte fez sua escolha ao acaso (6%).

ESCOLA PÚBLICA *versus* ESCOLA PARTICULAR: a maioria dos estagiários achou que não seria possível estabelecer essa comparação (39%). Dos que compararam, a maior parte chegou à conclusão de que é melhor estagiar em escola particular (27%), pelos seguintes motivos: mais fácil trabalhar, mais recursos financeiros e geralmente há um psicólogo e um orientador educacional incluídos no quadro de pessoal, o que facilita o trabalho. Em seguida, 17% acharam melhor trabalhar na escola pública, pelos seguintes motivos: trabalho comprometido com a realidade e maior liberdade de trabalho. Uma parte ficou indiferente a essa questão (11%), e outros deram ênfase ao estágio em si, independente de onde seria realizado (6%).

Segundo os estagiários, na escola pública o maior problema era financeiro. As escolas normalmente não têm dinheiro para a sua própria manutenção (material, pessoal, instalações físicas etc.), agravado pela ocorrência de greves naquele semestre. Outras dificuldades citadas foram o desconhecimento e o descrédito dado ao trabalho do psicólogo. Como já foi dito, no Ceará, ainda não existia cargo de psicólogo nas escolas públicas, e o estagiário precisava começar um trabalho sozinho, contando com sua força de vontade e com a supervisão. Alegou-se, ainda, o problema da descontinuidade dos trabalhos, e alguns estagiários consideraram que o próprio fato de a escola pública pertencer a uma classe social desfavorecida já constituía uma dificuldade.

Quanto à escola particular, a queixa maior (22%) ficou por conta da dificuldade de um trabalho que visasse à transformação do sistema escolar/social. Outra questão diz respeito à acomodação do profissional na escola particular (6%), uma vez que, em geral, o profissional submete-se apenas aos interesses dos donos das escolas. Além disso, o descrédito dado ao trabalho do psicólogo (6%) foi outra dificuldade sentida.

ATIVIDADES DESENVOLVIDAS: os dados revelaram atividades diversificadas por parte dos alunos.

- Trabalhos com professores   50%
- Atividades com alunos   38%
- Atendimento individual   38%
- Trabalhos com pais   33%
- Dinâmica de grupos com alunos   33%
- Realização de enquetes no início dos trabalhos   27%
- Atividades artísticas/recreativas   22%

Outras atividades também citadas:
- Reuniões com a comunidade   11%
- Análises sobre evasão escolar   6%
- Avaliação das atividades desenvolvidas   6%
- Elaboração de projetos profissionalizantes   6%

OBS.: No trabalho desenvolvido com os alunos, em palestras e discussões, foi dada ênfase aos seguintes temas: sexo, drogas, tabagismo, Aids e orientação profissional (temas obtidos geralmente por meio de enquetes realizadas).

DIFICULDADES ENCONTRADAS:

- Falta de compromisso dos professores 33%
- Falta de recursos 33%
- Greve 17%
- Desinformação dos pais e alunos
  sobre psicologia escolar 7%
- Mudanças de diretoria 11%
- Falta de apoio da diretoria 11%
- Desinteresse dos pais 11%
- Despreparo dos estagiários em psicologia escolar 11%
- Professores horistas/falta de horário para reuniões 11%

Indagados sobre a possibilidade de minimizar essas dificuldades, 51% optaram por fazer reuniões com a diretoria e com os professores a fim de esclarecer o papel do psicólogo escolar. Poucos preferiram desenvolver atividades em horários alternativos (28%), e houve até quem não tivesse nenhuma sugestão para minimizar as dificuldades encontradas (22%).

PERCEPÇÃO DAS SUPERVISÕES DE ESTÁGIO: a supervisão é colocada de modo unânime como um apoio necessário ao estágio e necessária para que o aluno se sinta mais seguro em desenvolver suas atividades planejadas para o estágio.

PERCEPÇÃO DA FORMAÇÃO ACADÊMICA: 66% dos estagiários disseram sentir alguma defasagem, 22% não perceberam essa dificuldade e 12% não responderam à questão. Desses, 49% disseram existir um número limitado de disciplinas na área de psicologia escolar e que, das poucas existentes, nem sempre ocorria entre elas uma prática paralela. Outra defasagem citada concerne à dissimulação da dissociação teoria–prática (38%). A dissociação da disciplina Psicologia Escolar I com Psicologia Escolar II também foi citada, sendo que alguns perceberam a necessidade da continuação dos trabalhos práticos (12%).

SUGESTÕES VISANDO A MELHORIA: a maior parte dos estagiários frisou a importância de reuniões gerais com os estagiários (44%). Outros acharam que seria relevante a formação de convênios entre as escolas e a UFC (28%).

Diante da proposta fechada pela escola pública, naquele semestre, alguns citaram que seria importante o direito de opção entre estagiar em escola pública e particular (17%). Outras sugestões:

- Aumentar a quantidade de horas de supervisão em grupo.
- Necessidade da continuidade do estágio na escola por pelo menos um ano.
- Estimular a criação de formas alternativas de trabalho em psicologia escolar.
- Realização de seminários, visando maior conhecimento de temas relacionados à escola e à psicologia escolar.
- Estabelecimento de um maior vínculo entre a universidade e as escolas.
- Maior entrosamento entre os estagiários, objetivando a continuidade do trabalho.
- Implementação ou mesmo intensificação da prática nas disciplinas da área de psicologia escolar (psicologia escolar, excepcional, aprendizagem e psicomotricidade).
- Maior conhecimento da área de organizacional (treinamento, cultura e clima organizacionais).

Fato curioso é que 27% dos estagiários não sugeriram nada, embora tantas dificuldades e deficiências tenham sido citadas. Além disso, não houve propostas que visassem à criação do cargo de psicólogo nas escolas públicas do Ceará.

Resultados da pesquisa realizada com as escolas

LOCALIZAÇÃO DAS ESCOLAS: das 18 escolas atendidas, 23% situavam-se em bairros nobres de Fortaleza, como Aldeota, Varjota e Papicu. As escolas da área central totalizaram 11%, e 33% delas localizavam-se em bairros mais periféricos e de relativa pobreza, como Vila União, Vila Manoel Sátiro, Henrique Jorge, Tabapuá, Jardim Castelão e Mucuripe. Escolas sem especificação de local somaram 33%.

SUPERVISÃO DAS ATIVIDADES NA ESCOLA: vários profissionais acompanharam de perto as atividades desenvolvidas pelos estagiários nas escolas. O maior contingente ficou por conta dos diretores e/

ou vice-diretores (44%) e dos orientadores educacionais (44%). Os supervisores corresponderam a 33% do total.

Observou-se, ainda, que, em muitas escolas, mais de um profissional acompanhou o estagiário; houve escola que citou até quatro profissionais envolvidos nessa tarefa.

ATIVIDADES DESENVOLVIDAS PELOS ESTAGIÁRIOS: várias foram as atividades citadas pelas escolas. Para melhor compreensão, mostraremos separadamente as atividades desenvolvidas com a diretoria técnica e professores, com os alunos e com os pais.

ATIVIDADES DESENVOLVIDAS COM A DIRETORIA TÉCNICA E PROFESSORES:

- Reunião com professores — 28%
- Elaboração de projetos ou programação de cursos — 22%
- Sondagem da realidade escolar e pesquisa de conhecimento do trabalho realizado na escola — 17%
- Reunião com a direção da escola — 11%
- Conversa informal com profissionais da escola — 11%
- Orientação às professoras — 11%
- Apresentação de propostas de trabalho para os professores — 6%
- Atendimento à orientação de menores (em grupos ou individualmente) — 6%
- Assessoramento à orientação educacional — 6%
- Análise da evasão escolar — 6%
- Contato com a comunidade e divulgação dos trabalhos na escola — 6%

ATIVIDADES DESENVOLVIDAS COM OS ALUNOS:

- Observação em sala de aula — 28%
- Conversa informal — 17%
- Atendimento a alunos (em grupos ou individualmente) — 17%
- Dinâmica de grupo — 17%
- Acompanhamento de uma turma específica (com maiores problemas disciplinares e de aprendizagem) — 11%

Psicologia e psicologia escolar no Brasil

- Debates   11%
- Formação de representantes de classe   11%
- Orientação sexual   11%
- Reunião com líderes de classe   11%
- Reunião com alunos   6%
- Acompanhamento de "alunos-problema"   6%
- Avaliação diagnóstica do nível de integração, socialização e ajustamento pessoal   6%

ATIVIDADES DESENVOLVIDAS COM OS PAIS:

- Reunião   28%
- Entrevistas com as mães e pais   22%
- Orientação   11%
- Sondagem de temas (enquetes)   11%
- Realização de palestras   33%

DIFICULDADES OBSERVADAS: uma das maiores dificuldades relatadas pelas escolas em relação ao estágio foi o pouco tempo para a realização das atividades (28%). Além disso, citou-se a falta de recursos/ material didático (17%), além de escolas sem um local para reuniões (17%). Outras queixas citadas:

- Dificuldade de trabalhar com o professorado   11%
- Período difícil na escola (mudança de direção, demissão de professores, greves etc.)   11%
- Diminuição da carga horária dos professores   6%
- Falta de um psicólogo escolar para atuar em conjunto   6%
- Desconhecimento por parte da clientela e do professorado sobre o psicólogo e seu trabalho   6%
- Pouco envolvimento dos participantes nas atividades   6%
- Dificuldade de reunir os pais para reuniões   6%
- Desconhecimento do plano de atuação do estagiário   6%

Uma pequena parcela (11%) respondeu não ter sentido nenhuma dificuldade com relação ao estágio.

A grande maioria das escolas (72%) afirmou que tentou minimizar as dificuldades de diferentes formas: procurando desenvolver atividades planejadas (44%), apresentando soluções e orientações por parte da equipe técnica (17%), fazendo reuniões com os professores/corpo técnico da escola (11%) e abrindo espaço para a realização de palestras visando esclarecer a função do psicólogo (6%).

Por outro lado, algumas disseram que tentaram minimizar as dificuldades, alegando que o problema central era o pouco tempo de permanência do estagiário na escola e que nada poderia ser feito (6%). Além disso, outras alegaram carência de profissionais e de recursos para contornar a situação (11%). Houve, ainda, escola que citou desconhecimento por parte dos professores do trabalho desenvolvido pelos estagiários, o que dificultava a integração.

PERCEPÇÃO DO ESTÁGIO: de modo geral, as escolas avaliaram o trabalho dos estagiários de forma positiva: 33% responderam que o trabalho tinha sido muito bom e 28% disseram ter sido de grande ajuda. Outros lamentaram um menor aproveitamento por falta de tempo e recursos (17%), 11% afirmaram ter sido bom e outros evidenciaram a falta da supervisora do estágio na escola (11%).

PERCEPÇÃO DO TRABALHO DO PSICÓLOGO ESCOLAR: a grande maioria das escolas (95%) considerou importante a presença do psicólogo. Quanto à função deste, apesar da diversidade das respostas, a imagem do psicólogo associada à resolução de problemas/visão curativa foi bastante significativa, como evidenciam os percentuais:

- Trabalhar com outros profissionais para oferecer ao aluno uma escola mais eficiente e aumentar a qualidade e eficácia do processo educacional, por meio de conhecimentos psicológicos   33%
- Detectar problemas de relacionamento da comunidade escolar e ajudar a solucionar dificuldades em relação ao relacionamento aluno–professor   22%
- Favorecer e abrir espaços à participação conjunta do aluno, família e comunidade no processo educacional   17%
- Ajudar professor e aluno nos problemas diversos e nas atividades pedagógicas   17%
- Acompanhar de perto os "alunos-problema"   17%
- Observar, criticar, sugerir, orientar e promover mudanças   11%

Psicologia e psicologia escolar no Brasil   65

- Estabelecer contato entre a escola e a família   11%
- Fazer palestras   6%
- Acompanhar psicologicamente o educando,
  complementando a ação do orientador e supervisor escolar   6%
- Resolver problemas que não estão ao alcance do educador   6%

SUGESTÕES PARA MELHORIA DO ESTÁGIO: foi grande a quantidade de sugestões visando à melhoria do estágio. Metade sugeriu que a carga horária do estágio fosse aumentada para um turno diário. Também se propôs uma integração entre o supervisor do estágio e o profissional que acompanha o estagiário na escola, como forma de a escola tomar conhecimento das diretrizes do estágio (17%).

Outras sugestões citadas são importantes e introduzem elementos para uma reflexão acerca dos estágios:

- Processo contínuo e presença constante de
  estagiários nas escolas   11%
- O planejamento do estágio e o contato inicial com
  a escola deveria ser anterior ao início das aulas   6%
- Maior integração entre estagiários e educadores   6%
- Introdução de disciplinas didáticas   6%
- Maior utilização de recursos como: audiovisuais,
  gravuras, desenhos e slides   6%
- Trazer novidades para o campo escolar   6%

Fato interessante: 17% das escolas nada sugeriram para a melhoria dos estágios. Finalmente, quando questionados sobre a possibilidade de continuarem recebendo estagiários, 89% das escolas responderam afirmativamente – 11% não responderam nada.

Percebeu-se que, apesar das dificuldades citadas, o estágio foi visto como algo positivo, destacando-se a boa atuação de alguns estagiários (17%).

Comentários e conclusões

Pela carência de pesquisas e/ou levantamentos de dados sobre os estágios supervisionados em psicologia escolar no Brasil, em 1988, fez-se inicialmente uma comparação dos resultados aqui apresentados com dados de uma pesquisa anterior, realizada em Fortaleza. No que se refere à clientela atendida na escola, o ensino fundamental menor constituiu o maior percentual entre os estagiários, ao passo que os profissionais atendiam, na maioria, o pré-escolar (50%), seguido do ensino fundamental menor (32%) – deve-se lembrar da situação do pré-escolar nas escolas públicas. Quanto às atividades desenvolvidas, os estagiários se ocuparam mais do trabalho com os professores (50%), das atividades com os alunos (38%) e do atendimento individual (38%). Já os profissionais se ocupavam mais com psicodiagnóstico e orientação individual (81%), seminários com pais (77%) e seminários com professores (77%).

Podemos observar que muitos estagiários apresentaram atividades alternativas ou inovadoras, como realização de dinâmicas de grupo com alunos (33%), aplicação de enquetes – expectativa da escola/segmentos quanto ao trabalho – (27%), reuniões com a comunidade (11%) e análise sobre evasão escolar e elaboração de projetos profissionalizantes (5%).

No que diz respeito às dificuldades sentidas no desempenho de suas atividades, enquanto os estagiários apontaram falta de compromisso dos professores (33%), falta de recursos (33%) e desinformação de pais e alunos sobre psicologia escolar (17%), os profissionais apontaram falta de preparo profissional (59%), dificuldade de associar teoria à prática (50%) e papel mal delineado do psicólogo escolar (27%).

Na pesquisa com os estagiários, embora a questão do despreparo profissional tenha sido citada (11%), as dificuldades situaram-se mais no âmbito do local do estágio (escolas públicas) como conseqüência de uma política educacional, que tem agravado seriamente os problemas desse setor. A grande maioria dos profissionais pesquisados trabalhava em escolas particulares (86%), e, de modo geral, tiveram sua formação acadêmica na área à margem da escola pública.

Quanto à avaliação da formação acadêmica, enquanto os estagiários assinalaram pouco e deficiente preparo na área (49%) e dissociação teórica e prática (38%), os profissionais apontaram desarticulação entre teoria e prática (90%) e falta de enfoque sociopolítico no curso (45%). Nesta comparação, é curioso o fato de que os profissionais pesquisados tinham uma forma mais ou menos homogênea de pensar os problemas (alguns itens com altos percentuais), ao passo que os estagiários tendiam a diversificar muito mais suas respostas (diversos itens com percentuais mais baixos). Porém, deve-se ressaltar aqui que as questões usadas na pesquisa com os estagiários foram mais subjetivas.

Além da análise comparativa entre dados referentes aos estagiários e profissionais da área, gostaríamos de comentar ainda dados mais específicos dos estágios. Quanto à percepção do trabalho em escola pública/particular, é bastante clara a análise sobre as dificuldades e limitações do trabalho, levando-se em consideração que a formação acadêmica se dá, geralmente, à margem da escola pública. O contato, via de regra, é maior com as escolas particulares, quer em práticas desenvolvidas durante a formação, quer pelo conhecimento prévio pela época em que cursaram o ensino médio. Por isso há a necessidade de contato maior com a escola pública e a articulação de um trabalho mais comprometido com as mudanças sociais e com a conscientização das contradições sociais que emergem no sistema educacional. Importante ressaltar aqui a visão de educação além das teorias crítico-reprodutivistas, agora no âmbito da dialética e segundo concepção de Gramsci, na análise de Oliveira (1981).

Quanto à formação acadêmica, afora as questões gerais levantadas, outras dificuldades mais específicas merecem destaque: dissociação entre Psicologia Escolar I e Psicologia Escolar II (pré-requisito para os estágios) e falta de prática nas disciplinas da área como Psicologia Escolar I e II, Psicologia Excepcional, Aprendizagem e Psicomotricidade. Ademais, sugerem o estímulo à criação de formas alternativas de trabalho na área. Fato curioso é que a questão da melhor ocupação do mercado de trabalho e mesmo da remuneração dos estágios não foram levantadas pelos estagiários, apesar de muito freqüentemente o assunto permear discussões em sala de aula e supervisões. Além dos aspectos de formação e prática, é fundamental que a categoria leve em consideração essa questão.

No que diz respeito aos supervisores de estágio, ainda que haja uma predominância de diretores, vice-diretores e orientadores educacionais, percebe-se em muitos casos a supervisão concomitante de vários profissionais, o que dificulta o planejamento e a execução das atividades. A percepção por parte da escola do papel do estagiário está diretamente associada à visão que se tem do trabalho do psicólogo na escola, ou seja, uma visão eminentemente clínica e curativa (psicodiagnóstico, atendimento psicológico e solução de problemas).

A orientação atual nos estágios é exatamente a "desmistificação" dessa imagem por meio do desenvolvimento de um trabalho mais abrangente de cunho sociopolítico por parte dos estagiários. Sugestões das escolas quanto à melhoria dos estágios, como o aumento da carga horária do estagiário para um turno diário e o planejamento do estágio previamente ao início das aulas, merecerão atenção por parte dos supervisores na reestruturação dos trabalhos.

Para além das conclusões

Os resultados aqui apresentados referem-se aos estagiários e profissionais da área de psicologia escolar em Fortaleza, em 1988, mas, de certa forma, confirmam dados de outras pesquisas sobre o mesmo assunto, segundo coloca Wechsler (1989). Conforme percebemos, as dificuldades são inúmeras e complexas e exigem uma determinação maior dos profissionais envolvidos com a questão, como forma de buscar encaminhamentos práticos.

Nos cursos de psicologia, torna-se importante a ação dos professores na busca de um ensino de psicologia escolar com respaldo teórico-prático, comprometido com a realidade social e com a precária situação da educação no Brasil.

Quanto à formação, é preciso "formar" profissionais identificados com a área e que procurem colocar a psicologia escolar como atividade profissional principal e não como mero "bico", como apontam pesquisas na área.

Além do trabalho empreendido pelos cursos de psicologia, é de grande relevância o esforço conjunto dos profissionais e dos órgãos representativos da categoria na revisão da legislação vigente nos níveis federal, estadual e municipal.

4. Estágios em psicologia escolar na UFC: levantamento de dados e discussão da formação profissional*

Introdução

Hoje, dificilmente poder-se-ia assumir a psicologia escolar como mera área de aplicação de atividades de pesquisa. E isso por várias razões. Razões que vão desde as ações concretas dos profissionais na área, até a mudança na concepção do que seja a ciência psicológica em particular. (Leite; Guirado, 1987, p. 16)

Com base na reflexão sobre a formação do psicólogo escolar, este trabalho procurou pesquisar os estágios na Universidade Federal do Ceará. Discutindo os pressupostos teórico-metodológicos que orientam essa prática psicológica, Merani (1977) analisou o inter-relacionamento da filosofia e da biologia e o papel que a última assumiu a partir de Bergson, sob a influência da dicotomia cartesiana e do paralelismo psicofísico, oscilando entre a filosofia e a biologia e contribuindo para

---

* Parte inicial desse trabalho foi apresentada no I Congresso Nacional de Psicologia Escolar e Educacional – Abrapee, Valinhos, São Paulo, 1991.

70 — Vivina do C. Rios Balbino

que emergisse uma psicologia de caráter ideológico que atendesse às necessidades da Revolução Industrial de criação dos bens de produção e de consumo.

Ainda que o tema formação do psicólogo tenha amplo debate, são poucas as propostas sobre a melhoria dos estágios supervisionados. Discutindo os aspectos ideológicos da formação, Patto (1984, p. 30) afirma:

> À psicologia como técnica, comprometida com uma classe social específica – a dominante, material e espiritualmente –, é preciso opor uma psicologia que, embora focalizando especializadamente os processos psíquicos, não perca de vista a totalidade social concreta que lhes dá sentido. Nesta perspectiva, fazer psicologia continua sendo um ato político comprometido com os agentes de transformação da estrutura social e não mais com os interessados pela sua conservação.

Ocorreram reestruturações curriculares em várias universidades. Em 1990, o curso de psicologia da Universidade Federal do Ceará iniciou um amplo trabalho de reestruturação curricular, para proporcionar uma formação mais comprometida com a realidade social. Na primeira etapa dos trabalhos, houve integração do currículo com disciplinas optativas de outros departamentos como: psicopedagogia terapêutica; psicolingüística e tópicos especiais em sociologia. Além disso, houve redimensionamento de disciplinas por semestre e atualização das ementas. Numa segunda etapa, pretendia-se redimensionar os estágios supervisionados colocando áreas emergentes como opção.

Estágios supervisionados em psicologia: algumas considerações

Exemplo da preocupação crescente com os estágios ocorreu no I Congresso Nacional de Psicologia Escolar – Abrapee, em 1991, quando dos 112 trabalhos apresentados, que de modo geral já discutiam a formação e prática do psicólogo e psicólogo escolar, 6,2% se referiam especificamente aos estágios supervisionados em psicologia escolar.

Araújo (1985) caracterizou o desenvolvimento histórico da Supervisão de Estágio no Curso de Psicologia dos Institutos Paraibanos de

Psicologia e psicologia escolar no Brasil 71

Educação – IPÊ por meio de um estudo comparativo, que focalizava os seguintes aspectos: análise de dois manuais; definição do conceito de supervisão de estágio; caracterização da preferência dos estagiários pela área do estágio; verificação das expectativas dos alunos atuais e egressos em relação ao estágio supervisionado; e delimitação da utilidade prática das atividades desenvolvidas para o exercício profissional. Sobre a formação do psicólogo, e especificamente sobre os estágios, Melo (1981, p. 425) comentou:

> Os estágios obrigatórios e com supervisão sofrem vários tipos de restrições: de espaço, de tempo, de disponibilidade dos professores para supervisão, do tipo de clientela que procura os serviços gratuitos de psicologia, do fato de os estagiários serem apêndices de cursos teóricos, da fragmentação do conhecimento, e assim por diante.

Supervisão: algumas reflexões

Quanto aos aspectos legais dos estágios supervisionados, o Conselho Federal de Educação em 1962 oficializou a obrigatoriedade desses estágios. Porém, foi a partir de 1977 que o Conselho Federal de Psicologia começou a normatizar esta atividade nos cursos por meio de diversas resoluções, sendo uma delas a necessidade de credenciamento dos supervisores com os respectivos CRPs e a estipulação de algumas condições, como três anos de experiência na área de supervisão. Pesquisando os estágios e abordando a qualificação dos supervisores, Araújo (1985, p. 196-197) comenta:

> O que está sendo defendida é a premente necessidade de se discutir a supervisão em todos os seus níveis e tipos, levando em consideração as transformações sociais e científicas. [...] Os órgãos de classe, notadamente os Conselhos e Sindicatos, poderiam promover sistematicamente reuniões de supervisores [...] para troca de experiência e divulgação de ciência e tecnologia relevante para a ação profissional dessas pessoas.

Estágios em psicologia escolar reorientados na UFC

Além das normas de psicologia escolar, em 1987, foi feita uma reorientação específica para os estágios, como: dados do referencial teórico na área quanto ao papel/função do psicólogo escolar, objetivos gerais do trabalho, sugestões de atividades (enfoque no sociopolítico), propostas sobre uma atuação mais ampla inclusive na comunidade e vasta bibliografia nesse referencial. O número de horas na escola no estágio I seria de 75 horas e, no estágio II, de 150 horas. Estipulou-se um mínimo de 16 horas por semestre de supervisão.

Metodologia e objetivos da pesquisa

Objetivos gerais:

- Colher informações contidas nos relatórios dos estagiários para conhecer as práticas executadas.
- Coletar informações que permitissem o aprofundamento das questões acerca do papel social do psicólogo escolar na sociedade.
- Proporcionar o conhecimento da prática empreendida nos estágios, permitindo a análise do processo de articulação teoria e prática.
- Fomentar discussões a respeito das dificuldades encontradas no estágio e evidenciar estratégias alternativas de trabalho.
- Por meio dessa pesquisa, incentivar a produção científica na área de psicologia escolar, abrindo espaço para o debate e o aprofundamento das questões levantadas.

Questões metodológicas da pesquisa

Formulação do modelo de ficha de levantamento de dados, preenchida com base nas informações contidas nos relatórios de estágios, visando pesquisar itens mais importante. Etapas do trabalho:

- Seleção dos períodos letivos a serem analisados – quatro semestres.
- Transcrição das informações dos relatórios para as fichas estruturadas (períodos 89.1/89.2 e 90.1/90.2). Foram 125 relatórios, incluindo estágios I e II em psicologia escolar.
- As fichas de levantamento continham: natureza da escola, clientela atendida, atividades desenvolvidas, dificuldades encontradas, sugestões para a melhoria do estágio e da formação acadêmica.

Psicologia e psicologia escolar no Brasil

- Levantamento dos dados e tratamento estatístico. Nos percentuais, decidiu-se pelo arredondamento, visando maior objetividade. Além disso, observa-se que nem sempre o total perfaz 100% devido às opções múltiplas. Foi previsto, na época, atualizar esse banco de dados a cada quatro semestres.

Resultados e discussão

No trabalho na escola, obteve-se uma média de 108 horas no estágio I e 207 horas no estágio II (acima dos limites mínimos), média de 17 horas de supervisão no estágio I, e 30 horas no estágio II (limites mínimos). Entre os estagiários, as mulheres correspondiam a 87%, contra 13% dos homens. Dos 125 estagiários, apenas 20% eram do estágio II, ou seja, optaram pela área de psicologia escolar.

Quanto à natureza da escola, a pública predominou sobre a particular.

- Pública   60%
- Particular   22%
- Conveniada   16%
- Outra   2%

No que se refere à clientela atendida, o ensino fundamental I obteve o maior índice percentual, seguido da pré-escola.

- Pré-escola   54%
- Ensino fundamental I   61%
- Ensino fundamental II 38%
- Ensino médio   25%
- Outra   19%
- Sem resposta   6%

No que diz respeito à localização da escola, bairros periféricos e nobres obtiveram os maiores índices percentuais.

- Bairros periféricos   40%
- Bairros nobres   28%

- Centro   20%
- Sem respostas   10%
- Meio Rural   2%

A atividade mais desenvolvida pelos estagiários foi entrevista individual com alunos, seguida de palestras para alunos.

- Entrevista Individual   38%
- Palestras   37%
- Treinamentos   34%
- Observação de alunos   34%
- Trabalho com líderes de turma   31%
- Eventos comemorativos   23%

No geral, os treinamentos foram realizados com os professores. Os trabalhos com líderes de turma envolviam encontros e discussão sobre os seguintes temas: sociedade e cidadania, liderança, função social da escola, entre outros. Os eventos comemorativos, na maioria, eram aproveitados para o desenvolvimento de um trabalho de conscientização política. Os recursos técnicos e metodológicos mais utilizados foram as dinâmicas de grupo e as palestras.

- Dinâmicas de grupo   60%
- Palestras   54%
- Observação   38%
- Questionários   34,5%
- Enquetes   30%
- Testes   26%

Fato curioso foi a pouca utilização de testes e o baixíssimo índice de uso do psicodiagnóstico e elaboração de laudos (1%). Alguns estagiários aplicaram questionários e/ou enquetes a fim de levantar as expectativas dos alunos, pais e professores da escola, para a formulação da proposta de trabalho.

No que concerne às dificuldades encontradas na instituição, os itens de maior incidência foram: reunião de professores, falta de apoio da direção/resistência ao trabalho e desconhecimento/desvalorização do psicólogo. Sobre as dificuldades da formação acadêmica, apenas carência da atividade prática obteve relativa significância.

- Reunir professores/falta de motivação — 34%
- Falta de apoio da direção da escola — 32%
- Desconhecimento/desvalorização do papel do psicólogo — 31%
- Exigüidade de tempo para a realização do trabalho — 16%
- Falta de espaço físico — 15%
- Carência de atividades práticas — 10%

Houve poucas sugestões dos estagiários de modo geral. O fato se deu por conta da extensão do relatório a ser entregue no final do semestre pelo estagiário, sendo este o foco principal. No entanto, apesar dos baixos índices, as indicações revelaram-se extremamente importantes na reestruturação dos estágios.

- Consolidar conhecimento na área — 8%
- Desmistificar o papel do psicólogo — 8%
- Associação teoria–prática — 6%
- Maior intercâmbio universidade–escola — 5%
- Mobilização para a criação do cargo nas escolas públicas — 3%
- Maior disponibilidade dos professores — 2%

Nas atividades propostas e não realizadas, apenas reuniões sistemáticas com professores obteve relativa significância (27%). Os baixos percentuais se justificam, uma vez que a maioria dos estagiários desenvolvia de fato todas as atividades programadas.

- Reunião sistemática com os professores — 27%
- Auxílio ao setor pedagógico — 14%
- Reunião sistemática com os pais — 10%
- Palestras — 9%
- Atividades com alunos — 9%

Na produção de material de trabalho, apenas elaboração de texto obteve relativa significância.

- Textos   28%
- Enquetes   20%
- Questionários   17%
- Palestras   16%
- Dinâmicas de grupo 7%
- Boletins informativos 6%

Os boletins informativos, de modo geral, referiam-se à preparação de material (pequenos resumos) dirigido aos professores e pais, quando havia impossibilidade de realizar reuniões.

O aumento expressivo da escola particular no estágio II ocorreu pela busca do mercado de trabalho. Observou-se pouca expressividade de estagiários no ensino médio e ausência de atuação no ensino superior. Muitos estagiários apresentaram atividades inovadoras: realização de enquetes (expectativas da escola/segmentos quanto ao trabalho), reuniões com a comunidade e trabalho com líderes de turma.

A orientação nos estágios constituía exatamente a desmistificação da atividade clínica por meio do desenvolvimento de um trabalho mais abrangente de cunho sociopolítico.

As dificuldades citadas (deficiências na formação acadêmica, desconhecimento e desvalorização do psicólogo na escola, resistências na escola etc.) passam também pelas questões já citadas aqui, carecendo de um maior engajamento de todos os profissionais, bem como dos órgãos representativos da categoria.

> Daí a importância de as atividades de representação, como os Conselhos e Sindicatos, serem fortalecidos pela participação ativa dos profissionais, pois representam concretamente um espaço político fundamental, através do qual a categoria pode-se fazer presente e, como tal, participar do processo social. (*Editorial – Ciência e Profissão* (1987) – revista do Conselho Federal de Psicologia)

Conclusões e propostas

É importante a redefinição do papel do psicólogo escolar como agente social ativo num trabalho articulado aos demais profissionais da área, na perspectiva apontada por Saviani (1984), referentes aos educadores. O autor discute a prática pedagógica, preconizando métodos que vinculam educação e sociedade, quando professores e alunos são tomados como agentes sociais ativos constituídos da prática social por meio da ação pedagógica.

> É preciso, no entanto, ressaltar que a alteração objetiva da prática só pode se dar a partir da nossa condição de agentes sociais ativos, reais. A educação, portanto, não transforma de modo direto e imediato, e sim de modo indireto e mediato, isto é, agindo sobre os sujeitos da prática. (Saviani, 1984, p. 76)

Na formação acadêmica, torna-se importante repensar a consistência teórico-prática da psicologia e da psicologia escolar, bem como fomentar discussões quanto à identidade profissional do psicólogo escolar. Achamos que o maior desenvolvimento de pesquisas e de eventos na área reveste-se também de grande importância. No Brasil, constata-se ainda um baixo índice de produção científica nessa área, estando a questão diretamente ligada ao predomínio do enfoque clínico na maioria dos cursos de graduação em psicologia. No início dos anos 1990, ainda eram poucos os cursos de pós-graduação na área de psicologia escolar, inexistindo doutorado no Nordeste até 1991, segundo dados da Capes (1991). Hoje, o próprio Departamento de Psicologia da UFC tem cursos de especialização e de mestrado em Psicologia, mas ainda não existe doutorado na área.

5. Estágios em psicologia escolar: reorientação dos trabalhos e relato de uma experiência inovadora

Outro grande problema é no que se refere à formação científica dos profissionais, pois na medida em que o estudante opta, prematuramente, pela atuação profissional em psicologia clínica e só se depara com discussões metodológicas relativas à ciência no final do curso, o interesse do aluno centra-se em aprender técnicas que viabilizem sua atuação profissional do que na análise sistemática das teorias psicológicas com base na fundamentação científica que as sustentam. (Chaves, 1989, p. 22)

Esse relato de trabalho, além de se tratar de uma prestação de contas sobre o que efetivamente foi feito na gestão nos dois semestres de 1989 e que, de certa forma, revolucionou a psicologia escolar na UFC, do ponto de vista de um novo enfoque teórico-prático, visa também divulgar o trabalho empreendido no esforço concreto da implementação de uma psicologia escolar com enfoque sociopolítico, possibilitando maior inserção do trabalho do psicólogo na realidade social. Para garantir as mudanças pretendidas, seria necessário reestruturar os pressupostos do referencial teórico das normas para conquistar os objetivos almejados na experiência colocada em prática, seguindo obviamente o currículo vigente no curso de psicologia e as normas gerais norteadoras dos estágios na época.

Vale ressaltar que essa foi a oportunidade encontrada de estimular, naqueles semestres, a importante adesão da equipe de professores da área, numa proposta inovadora de estágio.

Atualmente, a estrutura curricular na área de estágios na Universidade Federal do Ceará é bastante diferente. Segundo colocam Távora, Libório e Tupinambá (2004), no *Manual do estagiário de psicologia da UFC*, em normas gerais, os alunos podem escolher uma das áreas oferecidas para cumprir 500 horas do estágio obrigatório, podendo eleger outra área para o estágio opcional de 200 horas. Observa-se que não há obrigatoriedade de realização de estágio ou parte dele em áreas especificadas. Em meu entender, esse procedimento guarda o aspecto positivo de proporcionar liberdade total de escolha ao aluno, contemplando as Novas Diretrizes do currículo. Por outro lado, o curso de graduação em psicologia tem o objetivo de garantir uma formação generalista e de qualidade para atuar em diferentes áreas de sua competência profissional, conforme lei que regulamenta a profissão. Dessa forma, corre-se o risco de qualificar bem o aluno numa única área, sem a devida qualificação prática nas demais atividades que o diploma de psicólogo lhe confere. As novas Diretrizes Curriculares Nacionais para os cursos de psicologia, no art. 11, afirma: "A organização do curso de psicologia deve explicitar e detalhar as ênfases curriculares que adotará, descrevendo-as detalhadamente em sua concepção e estrutura". O art.12 dispõe: "Os domínios mais consolidados de atuação profissional do psicólogo no país podem constituir ponto de partida para a definição de ênfases curriculares, sem prejuízo para que no projeto de curso as instituições formadoras concebam recortes inovadores de competências que venham a instituir novos arranjos de práticas no campo".

Uma pesquisa nacional realizada pelo Conselho Federal de Psicologia e pelo Ibope, em 2004, indagou a opinião de psicólogos sobre vários aspectos. Questionados a respeito de sua área de atuação, 11% dos entrevistados apontaram a atividade educacional como a principal (embora o termo seja muito amplo, entende-se como psicologia escolar, uma vez que havia outro item sobre docência). A clínica ficou com 55%, e a organizacional, com 17% das respostas. Em função disso, constata-se que as três áreas básicas da psicologia ainda prevalecem no mercado brasileiro. Tendo em vista a confirmação dos dados nessa nova

80 Vivina do C. Rios Balbino

pesquisa, essas áreas básicas deveriam ser bem contempladas na formação teórica e prática do psicólogo brasileiro. Evidentemente, isso não impede o incentivo/fomentação de práticas e estágios em áreas emergentes, até porque as elas podem e devem ser implementadas também nas disciplinas ao longo de todo o curso. Até em disciplinas básicas, como Introdução à Psicologia, pode-se desenvolver uma boa e importante prática reflexiva.

Daí a importância da inserção de práticas sistematizadas nas disciplinas do núcleo comum, a fim de contemplar a capacitação básica requerida para lidar com os conteúdos da psicologia como campo de conhecimento e de atuação, conforme disposto no art. 7 das Novas Diretrizes Curriculares para os cursos de psicologia. Ainda nessa discussão, o art. 8 afirma:

> As competências reportam-se a desempenhos e atuações requeridas do formado em psicologia, e devem garantir ao profissional um domínio básico de conhecimentos psicológicos e a capacidade de utilizá-los em diferentes contextos que demandam a investigação, análise, avaliação, prevenção e atuação em processos psicológicos e psicossociais, e na promoção da qualidade de vida.

Reestruturando as normas dos estágios

Em 1989, além de obrigatório, o estágio em psicologia escolar revestia-se de grande importância devido à relevância da educação no processo de mudanças sociais. Foi constatado, ainda, em diversas pesquisas, como a feita em Fortaleza em 1986, que muitos profissionais acabam trabalhando nessa área como uma atividade secundária, como mero "bico", antes de poder manter seu consultório. Enfim, como atuar numa área tão importante sem uma experiência prática no estágio? Retornando à proposta de reformulação de estágio e reafirmando a importância de sua obrigatoriedade, pelo menos em uma fase da etapa de formação, parecia também fundamental que ocorressem mudanças no enfoque teórico-prático, extrapolando o individual e o caráter essencialmente clínico da prática, a fim de que o psicólogo pudesse conquistar na escola um amplo e importante espaço de atuação profissional, além do meramente clínico. Como elemento de formação profissional, o estágio visa sobretudo proporcionar aos alunos uma prática significativa, numa articulação adequada entre teoria e prática, possibilitando suprir e repensar deficiências da formação acadêmica e refletir sobre a conduta profissional.

Passávamos, então, por um questionamento profundo da psicologia, tanto em termos da formação acadêmica quanto da prática profissional. Nessa perspectiva, a grande questão era saber qual a função social dessa psicologia e que papel ela assumia na sociedade ao longo dos anos, desde a sua regulamentação. Também se fazia importante conhecer e repensar os pressupostos teóricos, que orientavam a prática da psicologia escolar. Sob esse aspecto, tornava-se necessário conhecer as relações entre escola, psicologia e sociedade, bem como aprofundar dados da política educacional brasileira, teorias educacionais e educação brasileira, para que a prática psicológica nas escolas pudesse ser inserida nesse contexto maior de relações e de prática profissional. A disciplina de Psicologia Escolar I contemplava esse conteúdo.

Em Fortaleza, o mercado de trabalho ampliava-se a cada dia e já era grande o número de psicólogos que atuavam, em instituições particulares e públicas. Já havia no Ceará uma mobilização por parte dos profissionais juntamente com a Associação de Psicólogos para a melhor ocupação desse espaço.

Objetivo geral dos estágios

Dar oportunidade ao aluno de aplicar, na medida do possível, os conhecimentos psicológicos assimilados ao longo do curso à situação escolar. A escola é compreendida em suas relações com a sociedade e na contradição que lhe é inerente: função de reprodutora e transformadora da sociedade.

Objetivos específicos

- Conhecer o papel do psicólogo escolar e conscientizar a comunidade escolar sobre a importância do profissional, principalmente como agente de reflexão e de mudanças.
- Assumir atitude crítica, questionando a prática psicológica nas escolas e propondo alternativas de ação.

82 Vivina do C. Rios Balbino

- Desmistificar já no estágio a função de "solucionador de problemas" assumido pelo psicólogo, procurando situar os problemas na escola de modo mais amplo, para além do aluno e da escola (relações entre escola, psicologia e sociedade).
- Empreender propostas alternativas de trabalho com grupo de pais, professores e alunos.
- Desenvolver, na medida do possível, trabalho articulado aos demais profissionais da escola, procurando interação na dinâmica escolar.
- Procurar desenvolver o trabalho, de acordo com as expectativas e necessidades de cada segmento escolar, porém procurando imprimir uma filosofia dinâmica de trabalho voltada para a reflexão e transformação social (filosofia da práxis).

Local do estágio

Os estágios em psicologia escolar na Universidade Federal do Ceará eram realizados predominantemente em escolas particulares, apesar de se tratar de uma universidade pública, que, em princípio, deveria assumir maior compromisso com as dificuldades das escolas igualmente públicas do estado e do município.

Pensando dessa forma, professores e supervisores da área decidiram propor, naquele semestre, estágios desenvolvidos somente em escolas públicas, com exceção do estágio II vigente, por tratar-se de uma continuidade dos trabalhos já iniciados.

Atividades desenvolvidas

Na escola, é vasta e importante a área de atuação do psicólogo, principalmente por seu trabalho estar articulado à educação, um processo de suma importância na transformação social. Além disso, extrapolando a visão clínica e individualista tão comum na prática psicológica, seu trabalho deverá se centrar no estudo e na reflexão da escola, principalmente nas suas relações com o Estado e a sociedade. Daí mesmo a importância e a responsabilidade desse profissional, principalmente ao empreender uma prática de reflexões e mudanças. É evidente que a proposta de trabalho dependerá fundamentalmente de cada estagiário e das características da instituição, mas sugerimos as seguintes atividades:

- Conhecimento da instituição e levantamento das expectativas e necessidades de cada segmento da escola.
- Elaboração de seminários e/ou grupos de discussão com pais, alunos e professores.
- Conhecer e refletir sobre a organização das atividades gerais da escola.
- Inteirar-se dos programas e conteúdos veiculados pela escola, buscando espaço para a reflexão crítica.
- Desenvolvimento de trabalhos na comunidade com grupos de jovens, gestantes, pais, professores etc.
- Organizar programas de educação popular na comunidade, se necessário.
- Procurar desenvolver, com outros profissionais na comunidade, programas de saúde, higiene, primeiros socorros, nutrição, doenças infantis, horta comunitária etc.
- Desenvolver programas na área de psicomotricidade, integrando-os ao currículo da escola.
- Desenvolvimento de programas alternativos de orientação vocacional, envolvendo técnicas de dinâmica de grupo e discussão das profissões.
- Desenvolver programas na área de reeducação psicopedagógica, vistos numa perspectiva mais ampla.
- Se necessário, diagnosticar e encaminhar alunos com dificuldades específicas, como fala, escrita, audição, comportamento, para atendimento especializado.
- Desenvolver projetos de pesquisa e/ou monografias na área de psicologia escolar pautados nessa prática.
- Outros a discutir com o supervisor.

Desenvolvimento do estágio

O estágio supervisionado em psicologia escolar era desenvolvido obedecendo às seguintes etapas:

- Plano provisório de estágio: acertada a escola na qual seria realizado o estágio, o aluno deveria comparecer semanalmente ao estabelecimento para o início das atividades, tendo em vista a elaboração do plano de estágio.
- Parecer do supervisor: após a análise do plano de estágio, ele emitiria parecer favorável ou não para o início do estágio.
- O plano de estágio definitivo deveria ser entregue ao supervisor quinze dias após o início das aulas e formulado dentro do modelo das normas gerais de estágio.
- Supervisão semanal: à medida que o trabalho fosse desenvolvido, o aluno deveria apresentar, quando da supervisão semanal, um relato sintético das atividades (oral ou escrito).
- Relatório final de estágio: o aluno deveria apresentar um relatório, do qual constassem todas as atividades desenvolvidas durante o período de estágio na escola. Simpósios, seminários, congressos etc. não eram computados como horas na escola.

OBSERVAÇÕES:

- O aluno deveria anexar ao relatório uma declaração da escola, contendo as atividades desenvolvidas por ele, bem como o total de horas de trabalho.
- O estagiário deveria cumprir, no mínimo, 75 horas de atividades desenvolvidas diretamente na escola, para que seu estágio fosse considerado pelo supervisor e pela comissão de estágio.

Horários de estágio e supervisão

- Os horários de supervisão de estágio deveriam ser estabelecidos por supervisor e aluno em conjunto.
- Supervisão: deveria seguir as normas gerais estabelecidas pela comissão de estágio, podendo ser modificada de acordo com os critérios de cada supervisor, e levada ao conhecimento do aluno quando da apresentação do Plano Individual de Supervisão.

As supervisões deveriam ser semanais, compreendendo uma hora para o estágio I e duas horas para o estágio II, devendo perfazer um total mínimo de dezesseis supervisões no semestre.

Além dessas supervisões, o supervisor deveria conhecer pessoalmente a escola escolhida pelo estagiário, procurando realizar visitas esporádicas durante a realização do estágio, com vistas à qualidade dos trabalhos.

Encontros para divulgação de trabalhos

Para divulgar e discutir as experiências vividas no estágio de Psicologia Escolar, foi organizado, a partir daquele semestre, um encontro com todos os alunos dos estágios I e II. Afora isso, o evento possibilitaria o crescimento profissional dos alunos com base na troca de experiências, buscando práticas alternativas em psicologia escolar, além de incentivar a produção de monografias e pesquisas na área.

Coordenação da área de psicologia escolar: relato das atividades desenvolvidas

As atividades empreendidas naquele período demonstraram o esforço concreto na reconstrução de uma psicologia escolar cada vez mais atuante e socialmente mais relevante. Mas, antes disso, uma reflexão: coordenador da área, uma atividade a ser repensada. Para que foi criada? Quais as atribuições do coordenador de área? Qual tem sido o papel desempenhado pelas coordenações?

Apesar de o assunto ter permeado discussões em várias reuniões de departamento, a questão não aparentava estar suficientemente esclarecida e compreendida. Parecia, à época, tratar-se ainda de uma tarefa mais burocrática do que operante. O papel do coordenador de área deve ser visto como um articulador de projetos e ações práticas de relevância na área e na psicologia, implementando atividades no ensino, na pesquisa e na extensão, como forma de envolver professores e alunos nas atividades específicas. Pensando dessa forma, e com o apoio dos professores da área, foi possível realizar e/ou dar início às seguintes ações:

1. Discussão e reelaboração das normas de estágio na área, procurando imprimir uma filosofia de trabalho mais voltada para as necessidades da escola pública, entendendo o maior compromisso da universidade pública com essas instituições, e também devido à exploração do estagiário pelas escolas particulares.

2. Organização e elaboração de fichas, visando à melhoria da sistematização dos trabalhos nos estágios, além de carta de encaminhamento do aluno à escola, ficha de registro de atividades na instituição escolar e ficha de registro das supervisões de estágio.

3. Realização de pesquisa com os estagiários da área a fim de avaliar o trabalho dirigido exclusivamente à escola pública naquele semestre. Embora essa proposta tenha sido discutida e aprovada em reunião da área, tornou-se um projeto pessoal devido às dificuldades de mobilização dos professores nas atividades.

4. Apresentação em reunião de departamento de um projeto de extensão: seminários em psicologia escolar dirigido a alunos, professores e profissionais da área. O evento ocorreu em dois semestres, mas infelizmente, por conta da pouca freqüência, foi extinto.

5. Apresentação em reunião de departamento de um projeto de pesquisa: criação e informatização do banco de dados dos estágios em psicologia escolar, que deveria ser atualizado a cada dois anos, e que resultou em uma pesquisa de estágio contida na página 69.

6. Discussão e envolvimento nos trabalhos de criação do cargo de psicólogo no estado e no município, iniciados no governo Tasso Jereissati, juntamente com a Associação dos Psicólogos do Ceará, e reativados com o apoio da Representação do Conselho Regional de Psicologia em Fortaleza na época.

7. Reativação dos trabalhos visando à criação da Associação Brasileira de Psicologia Escolar e Educacional (Abrapee-CE) em parceria com a Representação do Conselho Regional de Psicologia em Fortaleza, num amplo movimento que mobilizava todos os profissionais da área para a criação da seccional da Abrappe no Ceará.

8. Participação efetiva do representante estudantil nos trabalhos da área. Infelizmente, apesar da constante solicitação ao Centro Acadêmico por parte da coordenadora da área, praticamente não houve, naquele período, participação desse representante nos trabalhos desenvolvidos. Mas um bom número de alunos nos auxiliou como bolsistas de pesquisa e como monitores de disciplinas da área.

Outras propostas discutidas e planejadas

1. Criação de um site de psicologia escolar, no qual sejam catalogados todos os relatórios de estágios, monografias e pesquisas da área para consulta de interessados.

2. Nos estágios:
   a) Implementação de treinamento com os estagiários, no início dos trabalhos na escola, na modalidade *roleplaying*.

   b) Realização de convênios com determinadas escolas, aprofundando questões relacionadas à remuneração dos estagiários e ao aumento da carga horária. Vale ressaltar que essas propostas foram fruto também dos resultados e sugestões obtidos na pesquisa realizada com os estagiários.

   c) Planejamento dos Seminários de Psicologia Escolar de Fortaleza – num trabalho conjunto da Universidade Federal do Ceará com a Universidade de Fortaleza –, evento que substituiria os seminários iniciados no departamento.

PARTE 2
PESQUISANDO A "LETARGIA" ACADÊMICA

É comum observar no meio acadêmico, em alguns períodos, a falta de envolvimento e empolgação pelas atividades, especialmente na pesquisa e extensão. Mesmo no ensino, observa-se, às vezes, um envolvimento menor do que o esperado. Com razão, cobra-se sempre e cada vez mais produção científica e compromisso social das universidades, uma vez que os custos para manter uma universidade são altíssimos. Cobra-se produção científica e retornos sociais que possam justificar tamanho investimento do governo federal brasileiro, que mantém uma importante e sólida rede de universidades federais em todo o país. Mas é também verdade que elas contribuem de forma significativa nos quesitos acima mencionados. Contudo, sempre esperamos cumprir metas mais ambiciosas – melhorar o nível do ensino superior público em todos os aspectos, principalmente pela gratuidade e pela responsabilidade do retorno social.

Segundo dados de 2007, divulgados pela Coordenação de Aperfeiçoamento de Pessoal de Nível Superior do Ministério da Educação, o Brasil está atualmente na 15ª posição na lista de países que mais publicam artigos científicos no mundo: foram 16.872 no ano passado, ou

1,92% da produção global. Esse número representa um crescimento de quase 7% em relação a 2005, e de 33% na comparação com 2004. Com isso, o país ultrapassou a Suécia e a Suíça, e começa a ameaçar a Rússia, que por sua vez apresentou uma queda significativa na área, de quase 17% no ano passado na comparação com 2005. O governo brasileiro esperava esse bom resultado apenas em 2008. Para o presidente da Capes/MEC, Jorge Guimarães, entre os motivos que explicam o salto está a avaliação mais rigorosa de cursos como psicologia e psiquiatria (que publicou 70% mais no período de 2004 a 2006, em relação a 2001-2003), ciências sociais (52% a mais) e medicina (incremento de 47%).

As universidades brasileiras passam por constantes reformulações visando cumprir com eficiência seu papel na sociedade. Atualmente, estamos assistindo a uma crise na Universidade de São Paulo, a maior instituição de ensino superior e pesquisa no Brasil. O governo estadual de São Paulo cobra, por meio de um novo sistema de controle de gastos, maior transparência dos gastos públicos naquela universidade, justificando serem altíssimos os custos para mantê-la. Segundo o Anuário Estatístico USP 2006 e Sinopses Estatísticas da Educação Superior do Inep, o custo anual de um aluno da USP é quatro vezes maior do que nas universidades de países ricos – cerca de 12 mil dólares.

Há de se ressaltar que, no Brasil, apenas uma pequena minoria da população, que consegue aprovação nos vestibulares, tem o privilégio de cursar uma universidade gratuita. Sem dúvida, um grande benefício social que deve ser preservado com competência e com efetivo controle de gastos para permitir a abertura de mais vagas e o acesso de mais brasileiros ao ensino superior público.

O motivo da pesquisa sobre a "letargia" aqui apresentada ocorreu na disciplina Problemas de Aprendizagem e Psicologia Escolar I, no primeiro semestre de 1990, numa discussão em sala de aula direcionada à proposição de idéias e projetos para pesquisa em grupos. Diante do silêncio e da minha instigação, surgiu a discussão sobre a apatia geral no departamento nesse período. Um aluno, inclusive, comentou: "O professor finge que ensina e o aluno finge que aprende, num pacto para a mediocridade..." A participação de bolsistas de pesquisas em trabalhos era pequena, não havendo interesse maior. Mesmo o envolvimento em sala de aula deixava a desejar. Na discussão, um grupo de alunos propôs pesquisar o funcionamento do Departamento de Psicologia na tentativa de descobrir possíveis causas para esse pequeno envolvimento nos trabalhos acadêmicos. A fim de levantar dados importantes do perfil dos professores e dos alunos de psicologia da Universidade Federal do Ceará, além de identificar problemas na formação do psicólogo, planejou-se uma pesquisa buscando também propostas para minimizar o problema observado. Nessa pesquisa específica, houve a participação importante da aluna Cristiane Braga, que muito colaborou como bolsista de iniciação científica, e assim foi possível levar até o final o projeto de pesquisa.

Naquele período, passávamos por uma efervescência cultural no departamento: reforma curricular e discussões amplas pela melhoria da formação e prática do psicólogo. Traduzindo essa inquietação reflexiva, será apresentado, também nesta parte do livro, um artigo que abordará discussões teóricas e propostas visando a um aprofundamento sobre a "identidade" da psicologia e suas dificuldades de se firmar como ciência – especificamente a psicologia escolar.

1. O Departamento de Psicologia da UFC*

*Cristiane Braga de Lima***

Na Universidade Federal do Ceará, em 1990, aconteciam discussões para a melhoria da formação dos profissionais, e uma proposta de reestruturação curricular foi colocada em debate. O pouco envolvimento de alunos e de professores nessa proposta de trabalho, o descontentamento e as críticas vinham permeando o trabalho acadêmico cotidiano no departamento – daí o surgimento da discussão sobre a "letargia" acadêmica.

Introdução

A idéia do presente trabalho surgiu, como já relatado, numa discussão em sala de aula na disciplina Psicologia Escolar I, período de 1990, sobre questões relacionadas à formação profissional do psicólogo e ao maior engajamento de professores e alunos nas atividades acadê-

---

* Pesquisa publicada na *Revista de Psicologia*, Fortaleza, Ceará, v. 11–12, jan.-dez. 1993-1994, p. 89–110.

** Bolsista de iniciação científica, aluna em 1990 e colaboradora da pesquisa a que se refere este capítulo.

Psicologia e psicologia escolar no Brasil 93

micas. Nas discussões, surgiram assuntos como: insatisfação com o curso, insegurança quanto ao mercado de trabalho, crise do sistema de ensino brasileiro, "letargia" acadêmica, descrença numa mudança efetiva na educação e dificuldade de maior envolvimento de alunos e professores na melhoria do ensino. Como atividade prática da disciplina, foi programado um trabalho nas escolas do ensino médio articulado ao planejamento de um anteprojeto de atuação na área. O desenvolvimento dessa pesquisa surgiu como opção de uma equipe, que objetivou conhecer melhor o Departamento de Psicologia para posterior articulação da proposta de psicologia escolar.

Após orientação, foi dado início ao levantamento dos dados, como conhecer melhor as condições em que o ensino de psicologia se dava na UFC: perfil dos professores e dos alunos, condições físicas e de pessoal, atividades desenvolvidas, dificuldades e perspectivas no ponto de vista de professores e alunos.

Naturalmente, a pesquisa não tinha a pretensão de fazer um diagnóstico da situação, dada a complexidade da questão, mas objetivou conhecer melhor o funcionamento do Departamento de Psicologia da UFC, naquele período, tentando articular também no ensino superior uma proposta de atuação do psicólogo escolar, além de possibilitar uma reflexão acerca das dificuldades encontradas no curso, visando à sua melhoria e qualidade.

Embora tenha procurado por novas informações, não foi encontrada pesquisa atual na Universidade Federal do Ceará revelando o corrente retrato do departamento – que seriam dados importantes para comparação, principalmente dos enfoques teóricos e do perfil dos professores. No entanto, hoje o departamento possui uma grande estrutura com cursos de especialização e de mestrado em psicologia. Quanto ao perfil dos professores, há atualmente um alto percentual de doutores, pós-doutores e de mestres. Evidente que a abertura de novos cursos de mestrado e doutorado aumentou significativamente desde 1991, principalmente no Nordeste.

A crise nas universidades e nos cursos de psicologia

É necessário situar a crise pela qual passavam as universidades brasileiras no período aqui descrito. São conhecidos os problemas advindos do modelo de reforma universitária implantada no Brasil, a partir do famoso convênio MEC-Usaid (Freitag, 1980). Analisando as condições do ensino superior no Brasil, a autora comenta as dificuldades vivenciadas pelo sistema educacional, evidenciando que as universidades brasileiras foram estruturadas e concebidas sob a égide das estruturas do poder. Dessa forma, essas instituições, de modo geral, não vinham cumprindo sua função básica de oferecer ensino de qualidade.

No final da década de 1970, com a forte recessão econômica estabelecida no país, a educação sofreu as conseqüências, e as universidades se viram diante de um quadro assustador. Grandes cortes orçamentários, perda de autonomia, arrocho salarial dos professores, implantação de sistema autoritário de avaliação, congelamento de vagas de docente, proposta de privatização do ensino superior, cortes na pesquisa e extensão, entre outros. Os cursos de psicologia vinham, obviamente, sofrendo as conseqüências dessa crise. Percebe-se que, apesar de esforços isolados pela melhoria da formação acadêmica e da ocupação do mercado de trabalho por parte dos profissionais da área, a situação não se modificava para melhorar o nível de satisfação de alunos e professores.

Mello (1981, p. 429-430), baseado num levantamento com os profissionais da cidade de São Paulo, analisa a formação dos psicólogos e conclui: "Os alunos não são treinados durante o curso a praticarem psicologia popular [...]. Eles estão presos ao presente e às formas tradicionais de utilização da psicologia". Analisando a estrutura universitária, a autora continua: "Também é fácil entender que certas estruturas arcaicas da universidade dificultam sobremaneira muitas modificações, que poderiam trazer uma vantajosa fertilidade à formação dos profissionais" (p. 430).

É bom ressaltar que, já naquela época, Mello demonstrava preocupação com a inquietação de alunos e professores na USP pela melhoria da formação dos psicólogos. Foi um período de efervescência cultural nacional, marcado por inquietações, debates e propostas.

A mesma autora, analisando as mudanças que ocorreram na USP no currículo de psicologia naquele período, comenta:

> Os primeiros cursos da USP e da PUC-SP foram criados sob influência norte-americana, que implica uma determinada visão de homem. Esses cursos foram hegemônicos, durante muito tempo, e criaram através de seus cursos de pós-graduação uma espécie de rede de professores [...]. Por

outro lado, há atualmente todo um trabalho de criação e da compreensão sobre as condições de vida que atuam sobre as pessoas do Brasil. Já acabou aquele tempo em que se aplicava Piaget aqui, chegando-se à conclusão de que crianças suíças são muito mais inteligentes do que as brasileiras... (Mello, 1989, p. 18)

Isso constituiu uma ruptura importante contra o construído, contra ao que era dado como pronto. Essas rupturas e (des)construções do sistema educacional e psicológico ecoavam entre os estudiosos, entre os profissionais com as suas inquietações e visões, pela superação desses limites.

Na Universidade Federal do Ceará, naquela mesma época, era discutida a melhoria da formação dos profissionais, e uma proposta de reestruturação curricular foi colocada em debate.

Tendo em vista os objetivos da citada pesquisa, foram utilizados questionários, aplicados a professores e alunos, contendo itens objetivos em que se podia assinalar mais de uma alternativa. Além disso, continham espaços para comentários, justificativas e perguntas abertas, que permitiram o aparecimento de respostas individuais, enriquecendo os dados do ponto de vista de uma análise qualitativa.

1. Instrumento de coleta – questionários

Tanto os questionários aplicados aos alunos quanto os aplicados aos professores obedeceram, de modo geral, à mesma estruturação na abordagem dos dados importantes para consecução dos objetivos da pesquisa. Dessa forma, os instrumentos procuraram abranger informações como: dados pessoais dos professores (sexo, procedência, titulação, área de atuação e regime de trabalho), dados pessoais dos alunos (idade, sexo, créditos cursados no semestre, natureza do ensino médio, formação superior e ocupação). Além de uma sondagem quanto aos dados referentes ao curso de psicologia: condições físicas e de pessoal, percepção do curso e envolvimento com as atividades acadêmicas, percepção professor–aluno e aluno–professor, visão dos enfoques teórico-metodológicos dominantes do curso, sugestões e participação nos órgãos representativos da categoria profissional e reforma curricular.

Afora as informações coletadas nos questionários, recorremos à coordenação do curso, à chefia do departamento, ao controle acadêmico, ao núcleo de processamento de dados (NPD) e à pró-reitoria de graduação com o objetivo de colher outros dados necessários e complementares à análise.

2. Coleta com os alunos

Devido à impossibilidade de abranger o universo de todos os 298 alunos, trabalhamos com 30% desse total. Dos 90 questionários aplicados, 85 foram devolvidos. Constituímos a amostra com base na preocupação de inserir segmentos de alunos de todo o curso, do primeiro ao décimo semestre, segundo as disciplinas estabelecidas no currículo: seis disciplinas no total, incluindo início, meio e fim do curso.

A aplicação dos questionários deu-se em sala de aula com permissão prévia dos professores, escolhendo-se aleatoriamente pelo número da lista de freqüência quinze alunos de cada turma.

3. Consulta com os professores

Tendo em vista o número relativamente pequeno de professores, optamos pela aplicação de questionários em toda a população atuante – 32 professores na época. Os questionários foram entregues individualmente, sendo solicitado que respondessem e entregassem posteriormente à auxiliar da chefia do departamento, que acomodava o material num envelope. Dos 32 questionários entregues, apenas 18 foram devolvidos (56%).

4. Análise dos dados

O tratamento dos dados foi feito, num primeiro momento, pelo cálculo do percentual de cada item dos questionários (professores e alunos), além do registro com percentual de dados contidos nas respostas de justificativas e comentários. Nesses itens, devido ao alto número de respostas, optamos pelo registro somente dos maiores índices percentuais. Nas questões objetivas com múltipla escolha, nem sempre a soma dos percentuais perfazia 100%. De modo geral, eles foram arredondados para facilitar os cálculos. Num segundo momento, visando tornar mais objetiva a análise dos dados, todas as informações coletadas foram agrupadas nas seguintes categorias de análise:

I – Dados pessoais dos professores e alunos.

1. Perfil dos professores (sexo, nível, procedência, titulação, áreas de atuação dentro e fora da UFC e regime de trabalho).

2. Perfil dos alunos (idade, sexo, semestre, número de créditos, natureza do ensino médio, formação superior e ocupação profissional).

II – Dados referentes ao curso: percepção de professores e alunos.

1. Condições físicas e de pessoal.

2. Percepção do curso e envolvimento com as atividades acadêmicas.

3. Percepção dos alunos pelos professores e destes pelos alunos.

4. Visão dos enfoques teórico-metodológicos dominantes no curso.

5. Participação nos órgãos representativos da categoria profissional e nos trabalhos de reestruturação curricular.

III – Sugestões e observações apresentadas visando melhorar e dinamizar o curso.

Resultados e análise dos dados

1 – Dados pessoais

Relatando os resultados de nossa pesquisa, foi estabelecida comparação com os resultados de pesquisa semelhante desenvolvida, nessa mesma época, na Universidade Federal do Paraná (Weber, 1989).

1. Perfil dos professores

O total de professores no Departamento de Psicologia da UFC, no semestre de 1990, era de 39, com sete deles afastados por motivos diversos (licença, mestrado, doutorado etc.).

Com relação à freqüência dos sexos, verificou-se uma maior presença do sexo feminino (67%) em relação ao masculino (33%). Na UFPr, constatou-se que 53% dos professores eram do sexo masculino, e 47% do feminino.

No que diz respeito ao nível da função, verificou-se um índice de 11% de titulares, 66% de professores adjuntos, 11% de professores assistentes, 6% de auxiliar de ensino e 6% não registraram o nível.

Quanto à procedência, 36% eram do Ceará e 30% não registraram a procedência. Os outros vinham de São Paulo, do Distrito Federal, de Minas Gerais, de Pernambuco e do Rio de Janeiro.

Sobre a graduação dos professores, foram obtidos os seguintes dados: psicologia (44%), medicina (6%), ciências sociais (6%), educação (6%) – 39% não especificaram a graduação. Segundo a pesquisa da UFPr, 100% dos professores daquele departamento eram formados em psicologia.

No que concerne à titulação, 6% dos professores possuíam graduação e 11% tinham especialização e/ou cursavam mestrado. O índice de professores com mestrado foi de 72%, distribuídos nas seguintes áreas: educação, social e personalidade, clínica, psicologia, desenvolvimento, psicofarmacologia, psicopatologia e estudos de grupo e família. O índice de professores com doutorado foi de 11%, distribuídos em áreas clínica e cognitiva.

A falta de concentração dos cursos de pós-graduação dos professores da UFC na área de psicologia parece se justificar pelo baixo índice de cursos de pós-graduação em psicologia no Nordeste. Naquela época, havia apenas dois (UFPb e UFPe) dos 22 cursos de mestrado existentes em todo o país. Somente São Paulo detinha oito cursos. Os cursos de doutorado totalizavam nove em todo o Brasil, também com alta concentração na região Sudeste, e nenhum deles no Nordeste (Capes, 1991).

Em 1989, eram 489 os alunos matriculados em cursos de pós-graduação em ciências sociais e humanas no Nordeste e 5.286 matriculados na mesma área no Sudeste (Durham; Gusso, 1991). Observa-se aqui, portanto, a grande desproporção por área geográfica.

Segundo dados do NPD-UFC (1992), 29% dos professores da UFC tinham graduação; 10%, especialização; 41%, mestrado; e 20%, doutorado. Com relação à titulação do corpo docente da UFPr (psicologia), constatou-se que 43% tinham especialização, 57%, mestrado, e 22% possuíam doutorado. Apesar da pesquisa no MEC e na Capes, não foi possível obter dados quanto à titulação dos docentes das universidades brasileiras naquela época.

O relato da pesquisa não esclarece se os percentuais apresentados dizem respeito à titulação acumulada dos professores.

Constatamos ainda que 36% dos professores entrevistados tinham licenciatura em psicologia – o NPD-UFC não dispunha de dados quanto ao número de professores da instituição. A pró-reitoria de graduação

Psicologia e psicologia escolar no Brasil 99

elaborou um Plano de Ação (1991-1995) que, entre outros, incluía um projeto de atualização pedagógica, destinado principalmente aos novos docentes da UFC.

QUADRO 1 – Porcentagens referentes à titulação dos professores do Departamento de Psicologia da UFC/UFPr e UFC geral.

Titulação	UFC Depto. psicologia	UFPr Depto. psicologia	UFC Geral
Doutorado	11%	22%	20%
Mestrado	72%	57%	41%
Especialização	11%	43%	10%
Graduação	6%	–	29%

Analisando a área de atuação dos professores no Departamento de Psicologia da UFC naquele semestre, verificou-se que 100% atuavam no ensino, e 36%, em pesquisa, nas seguintes áreas: clínica, desenvolvimento humano, neurociência, educação especial e psicologia escolar – 6% não registraram a área. Na Federal do Paraná, segundo pesquisa de Weber (1989), 94% dos professores se dedicavam à pesquisa, não sendo mencionadas as atividades de extensão.

Na UFC, 66% dos professores desenvolviam trabalhos de extensão nas seguintes áreas: psicologia escolar, educação, teoria e prática de yoga, psicologia comunitária, atendimento psicoterápico ao estudante de psicologia, velhice, Nucepec (Núcleo Cearense de Estudos e Pesquisas sobre a Criança e Adolescente) e educação especial – 6% não registraram a área. Outras atividades foram: consultoria da *Revista de Psicologia*, assessoria superior e administração.

Perguntado aos professores do Departamento de Psicologia da UFC sobre suas áreas de atuação fora da UFC, observou-se que 30% atuavam na área clínica e 6% na área de psicologia escolar. Na UFPr, constatou-se que 29% exerciam atividade extracurricular remunerada.

Quanto ao regime de trabalho, 94% dos professores do Departamento de Psicologia da UFC tinham dedicação exclusiva à universidade, e 6% não responderam à pergunta. No geral, segundo dados do NPD-UFC (1992), 12% dos professores da UFC estavam em regime de

100   Vivina do C. Rios Balbino

20 horas, 14% em regime de 40 horas e 74% deles apresentavam dedicação exclusiva à universidade.

2 – Perfil dos alunos

Com relação à idade, obteve-se uma média de 23 anos entre os estudantes entrevistados, variando de 18 a 34 anos. Já a média de idade do corpo discente da UFPr estava entre 17 e 30 anos, sendo 17 e 18 anos a faixa etária de maior incidência.

No que diz respeito ao sexo dos discentes da UFC, o feminino (78%) predominou sobre o sexo masculino (22%), mesmos dados obtidos na pesquisa realizada na Federal do Paraná.

A média de créditos cursados pelos estudantes na UFC, no semestre da pesquisa, foi de 30, variando de 15 a 40 créditos.

No que diz respeito à natureza do ensino médio dos alunos na UFC, a maioria (84%) cursou em escola particular, 12% em escola pública e uma minoria (4%) fez supletivo. Observou-se, portanto, um maior contingente de egressos da escola particular. Na pesquisa na UFPr, 57% dos alunos haviam cursado o ensino médio em escola particular, 27% em escola pública e 16% em escolas mistas.

QUADRO 2 – Porcentagens referentes à natureza da escola do ensino médio dos alunos dos Departamentos de Psicologia da UFC e UFPr.

Natureza do 2º grau	UFC	UFPr
Escola particular	84%	57%
Escola pública	12%	27%
Supletivo/outras	4%	16%

Na UFC, 89% dos entrevistados responderam não possuir outra formação superior, enquanto 11% responderam afirmativamente. Os cursos superiores apresentados foram: terapia ocupacional, engenharia elétrica, serviço social, processamento de dados e licenciatura em psicologia. Na UFPr, 27% dos alunos que cursavam psicologia possuíam outro curso superior, e 73% não possuíam – não houve especificação dos cursos.

Em relação à ocupação profissional, na UFC, 65% só estudavam, e 35% tinham outra ocupação, entre as quais: vendedor, consultor de engenharia elétrica, professor, assistente social, comerciante, datilógrafo, babá e profissional liberal.

Na pesquisa realizada na UFPr, 22% dos alunos exerciam atividades remuneradas, enquanto 78% não exerciam – também aqui as atividades não foram citadas.

A questão das razões que levaram os alunos a escolher o curso de psicologia não foi levantada na UFC, mas, segundo pesquisa realizada na UFPr, estes foram os motivos: para poder se conhecer, entender o comportamento humano e poder ajudar as pessoas em geral. Fica aqui a sugestão para pesquisas posteriores na UFC.

Dados referentes ao curso: percepção de professores e alunos

1. Condições físicas e de pessoal

No que se refere às instalações físicas e serviços, 89% dos professores assinalaram que as salas de aula são quentes, mal iluminadas e sujas, e 78% consideram que há dificuldade para conseguir apoio. Além disso, 72% dos entrevistados disseram que suas salas de estudo são pequenas e coletivas, e 22% afirmaram que não há especificação clara das tarefas dos funcionários, dificultando o trabalho. Outras observações feitas pelos professores: dificuldade de encontrar os funcionários, necessidade de um acompanhamento dos funcionários para que executem melhor os serviços, falta de administração e pessoal de apoio insuficiente e despreparado.

Por outro lado, 94% dos alunos assinalaram que as salas de aulas são quentes, mal iluminadas e sujas, 66% relataram que as áreas de lazer (pátios) são muito próximas às salas de aula e 46% disseram existir falha nos serviços de chefia, coordenação e clínica de psicologia. Outros pontos deficientes apontados no curso: banheiros sujos e bebedouros em más condições; falta de cestos de lixo; carência de material para pesquisa e de espaços reservados para lazer, estudo e cultura; falta de uma biblioteca específica, assim como de um laboratório eficiente. Foram citadas, ainda, carência de professores e a necessidade de serviços de extensão e de acompanhamento clínico dos alunos.

2. Percepção do curso e envolvimento com as atividades acadêmicas

Quanto ao conceito dado ao curso de psicologia, o resultado foi: 55% dos professores consideraram-no "regular", e 45%, "bom"; nenhum professor atribuiu o conceito "excelente" ou "ruim" ao curso.

Nas justificativas para o conceito "bom", as respostas de maior incidência foram: a formação recebida pelos alunos é suficiente para desenvolver trabalho na área e existe necessidade de maior compromisso por parte dos professores. Vale ressaltar que muitos não justificaram suas respostas.

Foram várias as justificativas para o conceito "regular", sendo as de maior incidência: desvinculação teoria–prática, currículo defasado e excesso de carga horária. Registramos três respostas que, embora de índice baixo, estão intimamente relacionadas: o trabalho isolado dos docentes, a necessidade de maior entrosamento entre professores para ministrar uma formação mais exigente com os alunos e a necessidade de maior profissionalismo por parte de professores e alunos.

Já 58% dos alunos conceituaram o curso de Psicologia como "regular", 26% como "bom", 12% como "ruim", enquanto 2% ficaram "indiferentes", e igualmente 2% consideraram o curso "excelente".

As respostas de maior incidência para o conceito "regular" foram: fragmentação e desvinculação entre as disciplinas e desvinculação entre teoria e prática. Foi observado que muitos alunos não identificaram seu conceito.

As justificativas de maior incidência, entre os que optaram por conceito "bom", foram: alunos interessados, professores excelentes e esforçados. Observou-se aqui que metade dos alunos não justificou sua resposta.

Os alunos que consideraram o curso "ruim" justificaram que este apresentava desvinculação das disciplinas e proporcionava má formação profissional. Aqueles que o qualificaram como "excelente" justificaram que os professores eram competentes e que se identificavam com o curso.

Os alunos que marcaram "indiferente" não justificaram suas respostas.

Diante da pergunta sobre se poderiam contribuir para melhorar o curso, 89% dos professores responderam afirmativamente, e 11%, ne-

Psicologia e psicologia escolar no Brasil 103

gativamente. As justificativas de maior incidência das respostas afirmativas foram: trabalhando e levando a sério o trabalho, ajudando a construir um projeto acadêmico, atuando nos processos de trabalho da universidade – ensino, pesquisa e extensão – e participando da reestruturação curricular, do repensar da psicologia e da integração das disciplinas.

QUADRO 3 – Distribuição percentual dos conceitos dados por professores e alunos ao curso de psicologia da UFC

	PARTICIPANTES	
	Professores	Alunos
Excelente	–	2%
Bom	45%	26%
Regular	55%	58%
Ruim	–	12%
Indiferente	–	2%
TOTAL	100%	100%

Quando a mesma pergunta foi direcionada aos alunos, 77% responderam afirmativamente e apontaram: estudos e luta pela reforma curricular, reivindicando melhoria para o curso e participando de discussões do Centro Acadêmico, reuniões de departamento, assembléia e fóruns. Responderam negativamente 18% dos alunos, e 5% não responderam à questão.

Quanto às expectativas do curso: 80% dos alunos assinalaram que esperavam que o curso possibilitasse condições para o exercício digno da profissão, 49% que o curso proporcionasse o estudo da psicologia de forma totalizante, 38% esperavam obter um conhecimento integral do homem e 26% apontaram a necessidade de o curso capacitar os estudantes a compreender e promover o ajustamento do indivíduo. Já 14% relataram que esperavam do curso uma discussão sobre a prática da psicologia, o desenvolvimento de teorias e técnicas psicológicas para o país e a capacitação para estudo individual e para o mercado de trabalho. Além disso, esperavam que o curso levasse o serviço de psicologia para a população.

104 Vivina do C. Rios Balbino

Weber (1989) investigou entre os alunos da UFPr o que eles esperavam do curso de psicologia, e constatou que 39% pretendiam "entender as pessoas", 11% queriam "compreender a si mesmo", 26% esperavam aprender a "ajudar as pessoas", e 22% falaram em temas amplos: "aprender o mundo, a vida, os fatos".

Indagados sobre as disciplinas do curso de psicologia da UFC, 39% dos alunos assinalaram que professores e alunos buscavam conduzir com proveito seus trabalhos, e 36% perceberam pouco interesse por parte de ambos. Pode-se ressaltar que 32% dos alunos relataram que, de modo geral, há conteúdo programático nas disciplinas e que geralmente é cumprido, enquanto 27% dos alunos levantaram os seguintes problemas: revisão dos programas, existência de alguns professores sem didática, falta de relação entre disciplinas afins, não-cumprimento dos programas por parte de alguns professores e desvinculação do conteúdo programático da realidade. Geralmente, relataram 22% dos alunos, não havia conteúdo programático estabelecido.

Aos professores, perguntou-se quais os fatores mais motivadores para sua profissão: 78% responderam o interesse e a responsabilidade dos alunos nas atividades acadêmicas, 50% assinalaram incentivo à pesquisa e extensão, 44% se referiram a um salário digno e 39% evidenciaram clima saudável entre colegas. Outras respostas surgiram e tiveram um índice de 6% cada: contribuição como docente universitário para uma transformação social, espaço acadêmico produtivo, identificação com a profissão, trabalhar com a ciência e a produção de conhecimento, respeito e reconhecimento da atividade e boas condições de trabalho.

Quanto aos motivos da escolha do magistério por parte dos professores, 67% assinalaram ter sido por habilidade e/ou gostar de lecionar, 61% responderam por gostar de fazer parte do meio universitário, 39% fizeram a escolha por ideal e 6% registraram a possibilidade de desenvolver atividades com comunidades carentes.

Na pesquisa realizada na UFPr, as razões que levaram os professores a seguir a carreira docente foram: motivos interiores (70%); transmitir conhecimento, instrumentar o aluno a lidar com o outro e contribuir na formação (35%); oportunidade (29%); crescimento pessoal e aperfeiçoamento teórico (6%) – questão de múltipla escolha.

Weber (1989) investigou, ainda, o nível de motivação dos alunos da UFPr para seguir o curso e constatou que 82% consideraram-na

Psicologia e psicologia escolar no Brasil

"ótima, excelente", 9%, "boa, disposta", e 9%, "regular". Vale ressaltar que ninguém optou por "ruim", "regular" ou resposta em branco.

Quanto às atividades desenvolvidas em sala de aula, os professores assinalaram os seguintes procedimentos: leitura e discussão do conteúdo (83%), trabalhos de grupo/seminários (72%), aulas expositivas (67%) e fichamento do conteúdo (11%). Citaram outras atividades 67% dos professores, entre as quais: aulas práticas (33%), análise de filmes (28%), dinâmicas de grupo (17%), análise de casos (11%), visitas a instituições (6%) e palestrantes convidados (6%).

Indagados se continuavam a fazer chamada nominal dos alunos em "todas" as aulas, 56% dos professores responderam que "não" e 44% responderam que "sim". Diante do fato de que mais de 25% de ausência às aulas reprova o aluno, como os professores teriam controle da situação com os percentuais obtidos?

3. Percepção professores/alunos e alunos/professores

Antes do relato desses dados, ressaltamos que, naquele semestre, a proporção de professores para alunos era de um para nove.

Sobre a percepção que os professores tinham dos alunos, 61% os consideravam dedicados e estudiosos, 39% perceberam falta de interesse e/ou compromisso, 28% evidenciaram pouca assiduidade e pontualidade, e 28% verificaram despreparo e imaturidade. Colocaram outras observações 56% dos professores, sendo as de maior incidência: heterogeneidade dos alunos, compromissados e não-compromissados, falta de tempo para estudar e "cansaço" dos alunos, envolvimento limitado e um certo descompromisso com o desenvolvimento das disciplinas, deixando a responsabilidade nas mãos dos professores.

Sobre a percepção dos alunos em relação aos professores, foram observados os seguintes resultados: 73% acharam que os professores percebiam suas atividades com relativo interesse e compromisso, 16% que eles percebiam suas atividades com interesse e compromisso, 8% que não percebiam suas atividades com interesse e compromisso, enquanto 3% não responderam a essa questão.

Embora tenhamos pesquisado as justificativas dadas pelos alunos, elas não foram colocadas com clareza, o que dificultou a compreensão de seu posicionamento frente à questão.

Ao perguntar aos professores se os alunos encaravam suas atividades com interesse e compromisso, 67% assinalaram "mais ou menos", enquanto 33% marcaram "sim".

QUADRO 4 – Percentuais referentes à percepção do compromisso e interesse dos alunos pelos professores e dos professores pelos alunos.

	CATEGORIAS	
	Professores percebem que os alunos	Alunos percebem que os professores
Demonstram interesse e compromisso	33%	16%
Não demonstram interesse e compromisso	–	8%
Demonstram relativo interesse e compromisso	67%	73%
Resposta em branco	–	3%
TOTAL	100%	100%

As justificativas de maior incidência entre os que responderam "mais ou menos" foram: alguns estudantes são interessados e outros não; boa parte dos alunos está interessada em passar nas disciplinas e uma pequena parte em aprender; muitos faltam demais e saem antes do término das aulas e, geralmente, não lêem o material em casa. Ressaltaram, ainda, que o interesse do aluno é proporcional à conexão das disciplinas com vivências práticas.

Em outra questão, tentou-se verificar como os alunos percebiam os professores. Observou-se os seguintes resultados: 42% consideraram que falta interesse e compromisso, e 26% disseram que há pouca assiduidade e pontualidade. Por outro lado, 26% apontaram experiência e seriedade nos professores, enquanto 21% perceberam professores dedicados e estudiosos – 6% dos alunos entrevistados não responderam esta questão.

Sobre a percepção dos professores quanto à sua assiduidade e pontualidade: 67% procuravam cumprir o horário, 35% dificilmente faltavam às aulas, 33% nunca faltavam às aulas e 22% faltavam quando necessário. Um professor não respondeu à questão.

No que se refere à pontualidade e à assiduidade dos alunos de sua própria perspectiva, observamos que: 56% faltavam quando necessário; 54% procuravam cumprir o horário das aulas; 39% dificilmente faltavam às aulas e 6% nunca faltavam às aulas.

QUADRO 5 – Percentuais referentes à percepção da assiduidade e pontualidade pelos alunos e pelos professores (múltipla escolha).

	CATEGORIAS	
	Professores	Alunos
Falta quando necessário	22%	56%
Dificilmente falta às aulas	35%	39%
Nunca falta às aulas	33%	6%
Cumpre horário de aula	67%	54%
TOTAL	157%	155%

Foram investigados, também, quais as maiores dificuldades encontradas pelos professores, e as respostas de maior incidência foram: falta de serviço de apoio (22%); currículo envolvendo a falta de conexão das disciplinas e o excesso de carga horária (22%); deficiência da estrutura física (17%) e o relacionamento entre professores (17%).

Sobre faltas e/ou saídas antecipadas de alunos das aulas, perguntamos aos professores a que eles atribuíam o fato. As respostas mais significativas foram: grande número de crédito por semestre, falta de compromisso, falta de interesse, assuntos desinteressantes e falta de autoridade por parte de alguns professores.

Para a mesma questão, as respostas de maior incidência entre os alunos foram: monotonia nas aulas, falta de interesse dos alunos e falta de motivação. Levantaram, ainda, pontos relacionados às deficiências das estruturas físicas.

Outro ponto investigado foi como os alunos se percebiam nas atividades acadêmicas. Observaram-se os seguintes dados: 78% percebiam suas atividades com interesse e compromisso, enquanto 22% viam com relativo interesse e compromisso.

Dos 78% relatados, a maioria justificou-se pelo compromisso com o estudo e com o objetivo de se ter uma boa formação. Vale ressaltar

108   Vivina do C. Rios Balbino

que 69% destes não justificaram suas respostas, representando, assim, alto percentual.

Os alunos que percebiam com relativo interesse e compromisso suas atividades, em maior incidência, disseram depender da disciplina e ter pouco interesse pelas atividades – 38% não justificaram suas respostas.

4. Visão dos enfoques teórico-metodológicos dominantes no curso

Com base em dados de pesquisa (Gomide, 1988), constatou-se no questionário que os cursos de psicologia, de modo geral, vinham privilegiando a área clínica do ponto de vista teórico-prático. Por conta disso, os professores foram questionados se concordavam com essa orientação: 66% responderam que "não", 17% responderam que "sim", 11% não responderam à questão e um professor (6%) marcou as duas opções.

As respostas de maior incidência dos que responderam "não" foram: a necessidade de democratizar a psicologia com outras áreas (33%), e a necessidade de trabalhar num enfoque mais político e social (22%). Parece ter havido certa ambigüidade no entendimento da questão, uma vez que dois professores (11%) que marcaram "sim" colocaram as seguintes justificativas: "Observar os programas das disciplinas e a formação dos professores" e "é muito evidente". Pelas respostas dadas, pareciam se referir à constatação apenas da orientação clínica no curso de psicologia, sem indicar concordância ou não com a orientação. Outro professor marcou "sim" e justificou sua resposta mostrando a necessidade de um currículo mínimo que enfocasse igualmente as disciplinas fundamentais de cada área. De acordo com a justificativa, a resposta parece sugerir o item "não" ao invés do "sim" marcado.

Sobre a mesma questão, 40% dos alunos responderam concordar com essa orientação, 56% não concordaram e 3% não responderam. Vale ressaltar que um aluno afirmou concordar "mais ou menos".

Na análise dos dados dos alunos, também percebemos a ambigüidade da questão e, em função disso, não ficou claro se a concordância referia-se à realidade dos cursos ou a uma concepção própria de psicologia. Senão vejamos: "Não se vê quase nada de nada" (justificativa de "não"); "A maioria das cadeiras é dirigida para a área clínica desde o começo, ficando as áreas de escolar e organizacional limitadas a poucas

Psicologia e psicologia escolar no Brasil 109

cadeiras no final do curso" (justificativa do "sim"). Na verdade, parece que este aluno, pela justificativa apresentada, não concorda com a orientação dada nos cursos, embora tenha assinalado "sim". Torna-se necessário, portanto, aprofundar a questão.

5. Participação nos órgãos representativos da categoria profissional e nos trabalhos da reestruturação curricular

Colocado o fato de que os psicólogos, como categoria profissional, discutem e enumeram uma série de dificuldades (Gomide, 1988), perguntamos aos professores a quem competiria a contribuição na solução dos problemas. Os resultados foram: 78% apontaram os órgãos representativos da categoria, 72% os profissionais da área, 61% os cursos de psicologia, 39% as revistas de psicologia, e 22% deles colocaram outras respostas, a saber: depende dos problemas e das dificuldades, envolvimento de todos os profissionais e alunos na solução do problema.

Sobre a mesma questão, os alunos assinalaram que a responsabilidade maior caberia aos profissionais da área (72%), seguidos pelos órgãos representativos da categoria (70%), os cursos de psicologia (55%) e as revistas de psicologia (25%). Ainda, 18% atribuíram a outros a tarefa, mas não houve identificação específica.

Indagado se os alunos participavam de algum órgão representativo da categoria, 95% responderam negativamente, e 5% afirmativamente, citando o Centro Acadêmico.

QUADRO 6 – Porcentagens referentes à participação de professores e alunos em órgãos representativos da categoria.

	CATEGORIAS	
	Professores	Alunos
Participavam	55%	5%
Não participavam	45%	95%
TOTAL	100%	100%

Quanto à participação dos professores nos órgãos representativos da categoria, 45% disseram que "não", e os 55% que responderam "sim" especificaram da seguinte forma: ABRAPSO – Associação Brasileira de Psicologia Social, CRP – Conselho Regional de Psicologia, Associação dos Psicólogos, ADUFC – Associação dos Docentes da UFC e Abrapee – Associação Brasileira de Psicologia Escolar e Educacional.

Em outra questão, perguntamos se os alunos participavam efetivamente dos trabalhos da reforma curricular que vinham ocorrendo no curso de psicologia: 90% responderam "não", enquanto 10% responderam "sim".

Sobre a participação efetiva dos professores nos trabalhos de reforma curricular, o resultado foi de 56% para respostas afirmativas e 50% para as negativas.

QUADRO 7 – Porcentagens referentes à participação ou não nos trabalhos de reformulação curricular do curso de psicologia.

	CATEGORIAS	
	Professores	Alunos
Participavam	56%	10%
Não participavam	50%	90%
TOTAL	106%*	100%

* Um professor assinalou as duas alternativas.

Sugestões e observações apresentadas visando melhorar e dinamizar o curso

Tendo em vista o grande número de sugestões dadas pelos professores, resolvemos agrupá-las nas seguintes categorias:

1) Propostas referentes aos professores:
- melhora no relacionamento entre professores;
- mais respeito e profissionalismo entre os professores.

2) Mudanças quanto às disciplinas:
- maior interação entre disciplinas e programas;
- implementação de práticas nas disciplinas;
- necessidade de integração com outros departamentos;
- necessidade de entrosamento entre os professores de áreas afins.

3) Ampliação/renovação das atividades acadêmicas:
- necessidade de mais publicações científicas;
- mais encontros e apresentação de trabalhos;
- criação de mais cursos de extensão e projetos de pesquisa;
- desenvolvimento de atividades socioculturais.

4) Definição de uma filosofia de trabalho:
- construção de um projeto acadêmico;
- destacamento de uma filosofia para o curso.

5) Redefinição do papel/reciclagem dos professores:
- maior planejamento dos trabalhos do corpo docente;
- reciclagem de professores;
- avaliação profunda dos professores, como "educadores" e "não-terapeutas".

Foram muitas as sugestões dadas pelos alunos, por isso resolvermos agrupá-las em categorias:

1) Propostas referentes aos professores:
- especialização e pós-graduação dos professores em outros centros de psicologia;
- aumento do interesse de alunos/professores;
- melhora no quadro de professores;
- reforma no quadro de professores;
- tratamento psicanalítico com os professores.

2) Renovação/melhoria das atividades acadêmicas:
- intercâmbio com outras universidades;
- formação de centros de debates;
- enfatização da pesquisa;
- realização de constantes seminários;
- reforma curricular;
- mais trabalhos práticos;
- intercâmbio e incentivo ao ensino, pesquisa e extensão.

112 Vivina do C. Rios Balbino

3) Mudanças quanto às disciplinas:

- diminuição do número das disciplinas obrigatórias e aumento do número das optativas;
- mais disciplinas noturnas;
- maior vinculação entre teoria e prática.

4) Proposta visando aos alunos:

- "dar choque na galera";
- atendimento terapêutico aos alunos;
- espaço para apresentação de trabalhos de estudantes.

Somente 26% dos professores colocaram observações, sendo algumas delas transcritas a seguir:

"Espero e confio que ações concretas resultarão deste levantamento de dados."

"Importante é o papel do professor em sala com os alunos, no sentido de fomentar uma atitude de responsabilidade, compromisso e autonomia científica."

"[...] apesar da situação meio caótica em que se encontra o curso de psicologia, existe uma possibilidade, uma nova dinâmica na medida em que muitos professores retornarão para o curso com mestrado [...]"

"Se o professor tivesse condição e estímulo para permanecer na Universidade, mais perto dos alunos, talvez o motivasse mais."

Apenas 15% dos alunos colocaram observações, das quais podemos citar:

"É preciso que nos unamos (alunos, professores e servidores) na luta contra a privatização."

"O problema é o currículo, aulas chatas e a estrutura física."

"Espero que tal pesquisa influencie de algum modo o desenvolvimento do curso."

"Muitos alunos procuram o curso para solucionar problemas pessoais, fato que não é levado em consideração pela coordenação."

"O curso não satisfaz as minhas expectativas."

Conclusão

Como foi dito anteriormente, este trabalho não visou fazer um diagnóstico ou avaliação do Departamento de Psicologia da UFC, mas tão-somente conhecer melhor o funcionamento do curso e suas dificuldades na época.

Dessa forma, foram levantados dados (perfil dos professores e dos alunos, atividades acadêmicas etc.) que permitissem o aprofundamento de questões ligadas à melhoria do ensino de psicologia na UFC, além da possibilidade de tentar articular também no ensino superior a atuação do psicólogo escolar.

De modo geral, as *condições físicas e de pessoal* deficientes encontradas no departamento refletem o quadro difícil enfrentado pelas instituições públicas de ensino no país.

No que se refere ao corpo docente, observamos certa *heterogeneidade quanto à graduação* (44% em psicologia) e à procedência (apenas 36% eram cearenses naquela época). Somente 36% dos professores tinham *licenciatura*, sendo que a NPD-UFC não dispunha de dados quanto à situação geral dos professores da instituição. Sobre a *titulação*, o quadro encontrado (apenas 11% de doutores) parece refletir a situação da pós-graduação em psicologia no Brasil, especialmente no Nordeste. Observou-se que 94% dos professores dedicavam-se exclusivamente à universidade, sendo que destes apenas 36% dedicavam-se à pesquisa, e 66%, à extensão, além das atividades de ensino. Dados gerais da UFC (NPD-1992) revelaram que 74% de seus professores tinham dedicação exclusiva.

No que diz respeito ao *corpo discente*, predominou o sexo feminino (78%) sobre o masculino (22%). A *idade média* foi de 23 anos, e a *média de créditos* por semestre, de 30, variando de 15 a 40 créditos. Na UFC, a grande maioria (84%) havia cursado o *ensino médio em escola particular*; já na UFPr, o percentual foi de 57%. Deve ser ressaltada aqui a maior qualidade, via de regra, das escolas públicas no eixo Sul–Sudeste do país. Dos alunos da UFC, 11% já tinham outra formação superior, e 35% exerciam outra ocupação além do estudo. A *proporção* de professor para aluno era de um para nove.

Quanto à *percepção dos professores sobre o compromisso e o interesse dos alunos*: 44% dos alunos demonstravam interesse e compromisso, 11% não demonstravam interesse e compromisso, e 56% demonstravam relativo interesse e compromisso. Nesse mesmo item, a *percepção dos alunos sobre os professores* foi a seguinte: 12% dos professores demonstravam interesse e compromisso, 11% não demonstravam interesse e compromisso, enquanto 73% demonstravam relativo interesse e compromisso. No quesito *pontualidade*, 67% dos professores e 54% dos alunos procuravam cumprir o horário (item com maior percentual de resposta).

Já no *conceito dado ao curso*, o "regular" concentrou o maior número de respostas: 55% dos professores e 58% dos alunos. Foram muitas as sugestões dadas pelos professores e alunos visando à melhoria/dinamização do curso, havendo certa concordância em torno dos seguintes pontos: renovação/ampliação das atividades acadêmicas, modificações nas disciplinas, principalmente implementação de prática e reciclagem/aperfeiçoamento dos professores.

Quanto à possibilidade de *contribuir* para a melhoria do curso, 89% dos professores e 77% dos alunos responderam afirmativamente, apontando sugestões diversas.

No que concerne à contribuição na *solução dos problemas gerais da psicologia*, 78% dos professores atribuíram a tarefa aos órgãos representativos da categoria, enquanto 72% dos alunos atribuíram essa tarefa aos profissionais da área (item com maior percentual em cada grupo).

No quesito *participação nos órgãos representativos da categoria* profissional, 55% dos professores e apenas 5% dos alunos responderam afirmativamente.

Sobre a participação na reforma curricular em andamento naquele semestre, 56% dos professores e apenas 10% dos alunos participavam efetivamente dos trabalhos. As questões acima colocadas se justificam, pois uma reforma curricular que atenda às necessidades e objetivos de um projeto acadêmico estruturado é fundamental e dependerá do esforço conjunto de professores e alunos.

De modo indireto, a ação dos professores e alunos nos *órgãos representativos da categoria* profissional constitui instrumento de suma importância na mobilização dos profissionais e no planejamento de estratégias políticas de ação.

No que diz respeito à articulação do trabalho do psicólogo escolar no ensino médio (a exemplo do Departamento de Psicologia), não foi possível concretizar a idéia, por conta da falta de dados sobre o curso e de tempo para a estruturação do trabalho naquele semestre.

A possibilidade aqui levantada e os dados evidenciados na pesquisa poderão abrir espaço para uma reflexão acerca da atuação do psicólogo escolar na própria universidade.

Finalmente, quanto ao alcance e à importância da pesquisa aqui relatada, serão usadas as palavras de uma professora do departamento, expressas em seu questionário: "Espero e confio que ações concretas resultarão deste levantamento de dados".

2. Crise de identidade profissional e perspectivas*

Transformar a psicologia escolar em objeto de estudo parece-nos, portanto, um primeiro passo para instaurar em seu âmbito um exercício de crítica, que permita identificá-la como psicologia instrumental, dimensão da consciência necessária da sociedade, e transformá-la numa psicologia crítica, dimensão da consciência possível desta sociedade. (Patto, 1984, p. 15)

Tem-se discutido muito a crise de identidade da psicologia como área do conhecimento que se apresenta de forma multifacetada numa pluralidade de posições que, muitas vezes, se fecham em compartimentos teórico-práticos, dificultando a autoconsciência e a auto-afirmação da psicologia como ciência dotada de princípios e autonomias próprias. A questão é complexa e precisa ser analisada de uma perspectiva histórica.

---

* Trabalho apresentado no I Congresso Nacional de Psicologia Escolar e Educacional, Abrapee, Valinhos, São Paulo, 1991 e na *Revista de Psicologia da UFC*, n. 6, v. 2, Fortaleza, Ceará, jul.-dez. 1988, p. 3–13.

Segundo Drawin (1985), ao caracterizar mais uma exigência ideológica do que uma ciência com consistência teórica, a psicologia surgiu como uma tecnologia, herdando um conjunto heterogêneo de procedimentos e técnicas aplicadas, com ausência de lastro teórico, num processo de amadurecimento forçado imposto pela sociedade capitalista. Sob a ótica do positivismo, houve o esquecimento dos princípios da psicologia, ocorrendo a priorização do método sobre o objeto, dificultando a construção de um saber consistente dotado de princípios próprios.

Aprofundando os aspectos ideológicos da psicologia, esse mesmo autor afirma:

> [...] as técnicas psicológicas surgiram, em muitos casos, através da demanda de uma sociedade em processo de acelerada racionalização de seu processo produtivo e que necessitava de instrumentos científicos que justificassem a exclusão ou hierarquização de grupos no interior deste processo.

Merani (1977), analisando o papel que a psicologia assume a partir de Bergson, sob a influência da dicotomia cartesiana e do paralelismo psicofísico, mostra de que forma a psicologia científica, como concepção mecanicista e utilitarista, submete-se aos interesses da sociedade capitalista, por meio de diferentes abordagens psicológicas.

Entre os psicólogos e outros profissionais que trabalham com o referencial psicológico, são muitos os que se preocupam com questões ligadas à identidade da psicologia, como: formação profissional, modelo teórico-prático utilizado e comprometimento ideológico de sua prática. Analisando os aspectos referentes à formação dos psicólogos organizacionais, Borges Andrade (1986, p. 32) afirma: "Quanto à formação, a dos psicólogos organizacionais muitas vezes se restringe às teorias psicológicas da psicologia social, ignorando a necessária complementação oferecida pela outra metade da área, que são as teorias sociológicas da psicologia social". Além disso, ele enfoca a escassez de cursos de graduação e pós-graduação na área, gerando um provincianismo teórico e prático.

Também a psicologia clínica não tem se furtado a esse tipo importante de análise crítica do seu conteúdo teórico-prático. Embora as psicoterapias ainda se mantenham como área nobre da psicologia e sempre com maior ocupação de profissionais, a análise do caráter ideo-

118 Vivina do C. Rios Balbino

lógico de sua prática vem ganhando espaço nos últimos anos, fazendo que profissionais da área enfoquem a necessidade de produzir novos métodos e teorias psicoterápicas no atendimento às classes populares, de acordo com excelente trabalho de revisão crítica das psicoterapias feito por profissionais competentes e socialmente comprometidos (Bezerra Júnior, 1989; Costa, 1989). No tradicional atendimento psicológico no consultório, Figueira (1989) evidencia a grande influência do contexto cultural no interior da própria relação paciente–psicoterapeuta, fazendo observações muito importantes a esse respeito. Material ainda atual, e extremamente necessário a todos os psicólogos, especialmente os clínicos, a edição especial da revista *Ciência e Profissão* aborda com muita competência a relevância do contexto social na psicoterapia, bem como a contextualização sociopolítica da prática profissional nos consultórios. Será necessária uma reflexão apenas sobre o atendimento às classes populares ou sobre a clientela de modo geral?

Analisando os riscos da eficácia das técnicas psicológicas, Drawin (1985) aborda a questão ética das psicoterapias, em que tudo é permitido sem levar em conta os efeitos iatrogênicos dos referidos procedimentos psicoterápicos.

Embora tratando a questão de forma geral, abordaremos mais especificamente os aspectos ligados à identidade profissional que o psicólogo escolar tem assumido. Estudando os aspectos ideológicos subjacentes à sua prática, pretende-se repensar o papel do psicólogo, em especial do psicólogo escolar, na busca de uma psicologia mais comprometida com as mudanças sociais e com a emancipação do homem pautada na concepção do materialismo histórico e dialético.

Psicologia escolar: uma reflexão

Examinando a produção científica da área nestes últimos anos, percebemos que a análise crítica dos princípios psicológicos não passou de forma despercebida por profissionais mais comprometidos.

Patto (1981), ao analisar as relações entre sociedade, educação e psicologia escolar, possibilitou uma leitura crítica em relação aos conhecimentos, repassados nessa área, e ao papel assumido pelo psicólogo escolar na sociedade capitalista.

Psicologia e psicologia escolar no Brasil 119

Assim, a tarefa atribuída ao psicólogo escolar de, por exemplo, ajudar a aumentar a qualidade e a eficiência do processo educacional, por meio dos conhecimentos psicológicos, é avaliada criticamente pelo desvelamento do papel reprodutor da escola. É importante acrescentar aqui a análise de Coelho (1984) sobre a divisão social do trabalho na escola e a função dos especialistas da educação. Em "Da psicologia do desprivilegiado à psicologia do oprimido", Patto (1981) busca analisar o caráter ideológico da psicologia nas suas relações com a classe oprimida.

O *status* atual da psicologia do desenvolvimento como área desenvolvida para entender o processo de desenvolvimento psicológico do ser humano e constituindo base teórica da psicologia escolar também é questionado. Segundo Copit (1981, p. 415),

> [...] nos dias atuais, o máximo que a psicologia do desenvolvimento nos pode fornecer são explicações relativas a processos restritos e pertinência a aspectos parciais do processo global de desenvolvimento psicológico. Além disso, os dados por ela obtidos não têm grande poder de generalização, circunscrevendo-se a determinadas amostras com características culturais e históricas específicas.

Patto (1984) aprofundou as análises em torno das relações entre escola, sociedade e psicologia escolar, da ciência e da ideologia e do resgate histórico da psicologia à luz da concepção do materialismo histórico e da dialética.

Leite (1987, p. 17), ao analisar especificamente a evolução da psicologia e da psicologia escolar, afirma:

> Evidenciou-se uma grande necessidade de repensar o papel do psicólogo numa instituição educacional, em função da compreensão dos processos educativos como realidade complexa de relação interpessoal e grupal sobredeterminado pela contextura política, social e econômica mais ampla.

Marques (1989, p. 35), enfocando os diversos aspectos da pesquisa em psicologia educacional no Brasil e analisando o papel assumido pelo psicólogo escolar, afirma:

> A decorrência é que a pesquisa brasileira em psicologia educacional não tem produzido teorias que possam se constituir em fundamento da prática

120 Vivina do C. Rios Balbino

profissional do psicólogo escolar. Por isso (e obviamente não só por isso), continuamos a importar e consumir teorias produzidas em outros países e culturas.

Wechsler (1989), ao apresentar o panorama nacional da formação e da atuação do psicólogo escolar, mostra que relatos de trabalhos e iniciativas em alguns Estados evidenciam um maior compromisso dos profissionais da área na busca de novos caminhos visando ao fortalecimento da psicologia escolar.

Analisando a questão

De acordo com o que foi exposto, e mais especificamente com relação à identidade profissional do psicólogo escolar, podemos afirmar que:

- Analisando a gênese e a evolução da psicologia como um todo nos seus determinantes socioeconômico e político, percebe-se que a psicologia escolar – como aplicação dos conhecimentos psicológicos à escola e/ou à educação – surgiu também como uma tecnologia, e não como área do conhecimento com objetos de estudo definido e consistência teórica bem fundamentada. Exemplo dessa tendência de importação da tecnologia psicológica européia aplicada à escola ocorreu no Brasil a partir de 1906, com a criação de um laboratório de psicologia pedagógica no Pedagogium no Rio de Janeiro. Desde essa data, e tomando como referência a evolução dos testes e das psicoterapias na Europa e nos EUA a partir de 1980, a psicometria e a atividade clínica constituíram as principais atividades do psicólogo escolar. No Brasil, estas práticas começaram a surgir em 1938. Evidentemente, de lá para cá, outras atividades foram incorporadas à prática do psicólogo escolar, como evidenciam dados de pesquisas mais recentes (Bastos, 1988).

- Acho que a área de psicologia escolar também se ressente de um construto teórico mais fundamentado que possa servir de base para a uma prática escolar mais delineada. Normalmente, busca-se muito o conhecimento de outros temas da psicologia – como

Psicologia e psicologia escolar no Brasil   121

personalidade, desenvolvimento, psicometria, psicoterapia, entre outros –, que igualmente necessitam de uma contextualização.

- Apesar da preocupação de alguns profissionais da área em desvelar o comprometimento ideológico da prática psicológica nas escolas e apontar práticas alternativas, percebe-se, pelos dados de pesquisa na área, que pouca coisa mudou na formação e na prática profissional, salvo iniciativas isoladas de profissionais e/ ou universidades (Bastos; Gomide, 1988; e Balbino, 1988).

- A psicologia escolar, como atividade profissional, continua ocupando posição de pouco destaque e/ou valorização no cenário nacional. Evidentemente, a situação precisa ser contextualizada no âmbito das relações entre escola e sociedade. Mais que isso, é importante que os profissionais comprometidos com a área vislumbrem saídas a fim de buscar a identidade profissional do psicólogo escolar, como agente social importante no processo de mudança social baseado nas contradições da escola.

- Os problemas referentes à formação do psicólogo no Brasil passam pela questão da importação do modelo tecnicista de ensino e a conseqüente transposição do referencial teórico-prático sem vinculação com a realidade social brasileira. Os cursos, de modo geral, têm se dado ainda à margem dos problemas socioeconômicos e políticos, não contribuindo para a elevação do nível de consciência dos profissionais.

- De acordo com as questões levantadas, é necessário repensar e questionar os pressupostos teórico-metodológicos da psicologia e/ou das diferentes tendências psicológicas que orientam a prática profissional do psicólogo, na busca de uma possível redefinição da psicologia fundamental e das ciências sociais nessa perspectiva, sem a ameaça da perda de sua atual cientificidade.

- Sève (1972), ao abordar marxismo e teoria da personalidade, fez considerações importantes quanto ao papel que uma psicologia plenamente científica deveria assumir com base na desmistificação ideológica e no reforço às lutas políticas das relações humanas e às relações entre grupos sociais. Ressalta a importância da concepção científica (contextualizada) da personalidade e da teoria do indivíduo concreto na consecução de uma teoria da personalidade inspirada no marxismo. Seria este o caminho?

Encaminhamentos práticos

A teoria em si [...] não transforma o mundo. Pode contribuir para a sua transformação, mas para isso tem de sair de si mesma, e, em primeiro lugar, tem de ser assimilada pelos que vão ocasionar, com seus atos reais, efetivos, tal transformação. Entre a teoria e a atividade prática transformadora se insere um trabalho de educação das consciências, de organização dos meios materiais e planos concretos de ação; tudo isso como passagem indispensável para desenvolver ações reais efetivas. Nesse sentido, uma teoria é prática na medida em que materializa, através de uma série de mediações, o que antes só existia idealmente, como conhecimento da realidade ou antecipação ideal de sua transformação. (Vásquez, 1977, p. 206-207)

Não se pretende, evidentemente, traçar diretrizes ou propostas que venham solucionar os problemas apresentados, visto que são extremamente complexos e transcendem o âmbito da psicologia, passando pelos condicionantes políticos e econômicos da estrutura social, pela finalidade da educação e pelo próprio conceito de homem utilizado.

Por outro lado, não basta apenas denunciar os problemas ligados à formação e à identidade profissional, como também o comprometimento ideológico, a difícil ocupação do espaço profissional, os baixos salários e tantos outros problemas levantados em tantas pesquisas. É preciso, pelo uso de mediações, materializar uma prática que transforme essa realidade.

Cabe, portanto, aos psicólogos o desafio de articular um trabalho mediador, objetivando o enfrentamento das dificuldades apontadas. Para atuar de forma ampla, essa mobilização deve abranger os profissionais, os órgãos representativos da categoria profissional e, principalmente, os cursos de formação de psicólogos.

Nos cursos de psicologia, faz-se necessária a implementação de quatro atividades:

Reformulação curricular: diante do quadro atual, torna-se importante redimensionar o currículo de graduação em psicologia. Pela própria especificidade de formar profissionais, entendemos que cabe aos cursos a importante tarefa de produzir, elaborar e divulgar o referencial psicológico teórico-prático devidamente contextualizado, contribuindo para a formação de profissionais conscientes e comprometidos com a realidade social.

No entanto, apesar dessas e de outras iniciativas práticas e da ampla discussão do tema em encontros, congressos, e reuniões de psicólogos, não se chegou, ainda, a uma proposta efetiva que substitua o modelo tradicional vigente.

Uma reestruturação curricular profunda, que atenda verdadeiramente às demandas sociais do momento atual, exigirá esforços e determinação maiores por parte da categoria e das entidades representativas.

A prática não deve ocorrer apenas no estágio formal, como é entendido, mas ao longo da formação, em todas as disciplinas, num exercício diuturno de associação teoria–prática na produção do saber. Nessa perspectiva, os estágios caracterizariam o desfecho de um processo contínuo de associação teoria–prática na graduação.

Na área específica da psicologia escolar, é importante que os estágios supervisionados possibilitem a inserção do aluno numa prática reflexiva com vistas à produção de um saber totalizante e da práxis, de acordo com o contexto escolar.

Sob esse aspecto, mostra-se importante a análise de Oliveira (1981) sobre o espaço pedagógico em Gramsci. Com base nos escritos do autor acerca da educação, ele discute o duplo papel da escola, na medida em que, ao mesmo tempo em que reproduz as relações de produção existentes, num exercício claro de hegemonia e manutenção de poder, possibilita também o aparecimento de contradições do sistema, dando espaço à tomada de consciência de indivíduos ou grupos que trabalharão para a superação das contradições.

Completando esta questão, será apresentada aqui, de forma geral e sucinta, nossa experiência na Universidade Federal do Ceará, que se delineia como uma tentativa de ação na perspectiva aqui apresentada.

Fortalecimento dos estágios – estágio em psicologia escolar: a proposta de trabalho aqui relatada pela autora – que, à época, ocupava o cargo de coordenadora da área de psicologia escolar – foi discutida naquele período pelos supervisores de estágio e alunos e colocada em prática por todos, consubstanciada nas Normas de Estágio em Psicologia Escolar da UFC.

No que diz respeito às Normas referidas, são citados apenas alguns tópicos para melhor compreensão:

– Justificativa: compreendendo evidentemente dados do referencial teórico e das propostas alternativas de trabalho.

- Objetivos gerais e específicos.

- Local de estágio: neste tópico, como estabelecido anteriormente, optou-se pelo trabalho em escolas públicas prioritariamente, podendo ocorrer também nas escolas particulares, desde que remunerado (estabelecido valor).

- Sugestões de atividades: enumerou-se uma série de atividades relativas à atuação do psicólogo escolar, como agente de reflexão e de mediação no processo de mudanças sociais – tentativas nesse sentido.

- Desenvolvimento do estágio: neste item estão contidas as condições em que o estágio deve ocorrer, como: contatos com a escola, elaboração da proposta de trabalho, número e condições das supervisões, total de horas na instituição, enumeração e condução das atividades e elaboração do relatório final.

- Divulgação dos trabalhos: apresentação das experiências vivenciadas pelos alunos nos estágios com o objetivo de fomentar discussões e produzir novos conhecimentos.

- Bibliografia: é incentivada a produção e a publicação de trabalhos relevantes na área e disponibilização de relatórios finais dos estágios para consulta e leitura por parte dos alunos.

Desenvolvimento de mais pesquisas e eventos na área: retomando discussões anteriores sobre a necessidade de se repensar a consistência teórica da psicologia, e da psicologia escolar em específico, bem como fomentar discussões quanto à identidade profissional do psicólogo escolar, o desenvolvimento de pesquisas e eventos na área reveste-se de grande importância. No Brasil, há ainda um baixo índice de produção científica nessa área, questão diretamente ligada ao enfoque teórico-prático clínico veiculado nos cursos de graduação em psicologia.

Criação de cursos de atualização, extensão e de pós-graduação na área: apesar do destaque sobre a importância do aprimoramento dos cursos de graduação em psicologia, do ponto de vista teórico-prático – porque, na verdade, é a graduação que habilita para o exercício da profissão –, são necessários outros enfoques para complementar as questões ligadas à qualidade. Sabe-se que no Brasil, e especialmente na área de psicologia escolar, são poucos os cursos assim estruturados, principalmente de pós-graduação, que se concentram também na área clínica, fazendo que se crie um reducionismo teórico-prático nas demais áreas. No entanto, deve haver um esforço maior na consecução desse objetivo, notadamente com relação aos cursos de pós-graduação, como forma de produzir novos conhecimentos e incentivar a pesquisa. Na UFC, não eram empreendidos ainda esforços nesse sentido.

Numa ação conjunta de mobilização, cabe aos órgãos representativos da categoria profissional a tarefa de abrir espaços visando ao exercício digno da profissão, além do envolvimento com questões mais gerais, como a discussão da própria identidade da psicologia e a reestruturação da legislação vigente quanto à ocupação do mercado de trabalho.

Completando a linha de ação aqui proposta, cabe aos profissionais atuantes e comprometidos com a área de psicologia escolar a tarefa de buscar espaços alternativos de trabalho de cunho mais dinâmico e crítico, na tentativa de esvaziar o enfoque clínico-individualista tão arraigado na área. Aliado a esse trabalho, é fundamental a ocorrência de priorização da área como atividade profissional principal.

As dificuldades são inúmeras, sendo necessário um envolvimento maior por parte dos profissionais na busca de soluções, como as já existentes tentativas individuais de propostas de trabalho numa perspectiva mais dinâmica. Em Fortaleza há exemplos de trabalhos na área, que vão desde o desenvolvimento de atividades na própria escola e/ou comunidade até prestação de serviços da área a instituições, grupos comunitários e profissionais recém-formados, além da organização e criação de textos e outros instrumentos de trabalho na área, sob a perspectiva aqui apresentada.

Conclusões

O que se pretendeu foi subsidiar a discussão sobre a área de psicologia escolar, ressaltando as rápidas transformações que vem sofrendo e a tentativa de firmar-se como uma área de atuação cada vez mais relevante, ou seja, que colabore e participe crescentemente com a busca e desenvolvimento de soluções dos principais problemas que afetam a realidade educacional brasileira, a partir do conhecimento que continuamente se constrói nas diversas áreas da psicologia. (Leite, 1987, p. 18)

Conforme dito anteriormente, esse trabalho não teve a pretensão de propor saídas e/ou alternativas frente ao quadro de dificuldades e de complexidade levantado e discutido.

A questão é extremamente ampla e, evidentemente, não será resolvida com atitudes individuais de romper um modo de fazer psicológico tão arraigado e sedimentado na sociedade desde a criação e a regulamentação dos cursos de psicologia. O objetivo foi discutir e levantar questões quanto às dificuldades encontradas na psicologia e na psicologia escolar, com base na análise dos problemas ligados à identidade profissional que o psicólogo tem assumido na sociedade capitalista, passando pelas dificuldades associadas à formação acadêmica, à prática profissional e ao fortalecimento da categoria profissional. Como conseqüência dessa análise, é necessário repensar a psicologia como ciência socialmente relevante e inspirada no materialismo histórico e dialético, de forma a contribuir para a elevação do nível de consciência das pessoas acerca de si e da realidade social. Mais especificamente na educação, em que o psicólogo escolar, como agente social ativo, possa juntamente com outros agentes sociais contribuir para a democratização da escola e do ensino público.

Longe de uma visão idealista e ingênua diante da realidade social, tentou-se fazer uma leitura crítica das relações entre sociedade, educação e psicologia, desvelando o comprometimento ideológico e a reprodução das relações sociais. Mais que isso, há a necessidade de avançar além da visão crítico-reprodutivista, buscando espaço nas contradições sociais, para fazer emergir uma prática social articulada aos interesses populares.

PARTE 3
A PSICOLOGIA E AS DEMANDAS SOCIAIS BRASILEIRAS

Nesta parte do livro, serão fortalecidas propostas para atuação mais ampla no sentido de inserir a psicologia e a prática profissional dos psicólogos nas demandas sociais atuais. Será enfocada, também, a gravidade das violações dos direitos humanos no país, com ênfase à questão das mulheres.

Nos cursos de psicologia, acima de tudo, deve-se primar pela qualidade de ensino, a fim de trabalhar ou colaborar nessa realidade social de forma competente do ponto de vista de um referencial teórico-prático bem fundamentado. Além disso, uma categoria articulada e focada politicamente para a ocupação de forma mais abrangente possível, especialmente nas demandas sociais.

Numa pesquisa nacional realizada com psicólogos pelo Ibope e pelo Conselho Federal de Psicologia, em 2004, verificou-se a opinião dos profissionais sobre vários aspectos da profissão. Um dos itens indagava, dentre as ações do Conselho, que ação o psicólogo considerava a mais importante, e foi muito bom constatar que 30% deles apontaram a campanha pelos direitos humanos. Num outro quesito, o profissional listou, dentre todas as atividades desenvolvidas pelo Conselho

Federal de Psicologia, as três melhores. Dessa vez, 57% apontaram a campanha pelos direitos humanos entre as três melhores ações do órgão. Isso reforça a gravidade dessa demanda social e a sensibilidade dos profissionais pela causa. Quem sabe este modesto trabalho na área contribua para o fortalecimento da atuação da categoria nesse campo social, principalmente contra a violação dos direitos humanos no Brasil.

1. Por uma psicologia técnica e politicamente competente

A importância da graduação se confirma por seu próprio propósito de formar profissionais para atuar no mercado de trabalho, independente da pós-graduação. Com o diploma obtido, o psicólogo deverá atuar, já de início, com competência em suas áreas de habilitação. Daí a importância que se deve dar aos cursos de graduação.

Acompanhando a formação do psicólogo e do psicólogo escolar por muitos anos, algumas preocupações ainda persistem, apesar da evolução do conhecimento e da diversificação da atividade humana nesse final de milênio. A psicologia não evoluiu ainda o suficiente para acompanhar essas novas tendências. Muitas questões são antigas e já foram abordadas por diversos pesquisadores, mas ainda falta mudar vários aspectos no âmbito da formação acadêmica do psicólogo. Pelo que se observa, permanece o privilegiamento da área clínica em termos teóricos e práticos na maioria dos cursos, em detrimento de um aprofundamento maior em outras áreas tradicionais – escolar, organizacional, social e, sobretudo, áreas emergentes como jurídica, neuropsicologia, esportiva, oncopsicologia, psicologia hospitalar, entre tantas outras áreas inovadoras no mercado profissional.

Freqüentemente, nem sequer no plano teórico tem havido, na graduação, a evolução de qualidade desejada nos cursos de psicologia. Muitas vezes, o currículo não contempla essas expectativas. Poucos anos atrás, havia em uma universidade um programa que previa experiências até ambiciosas com ratos em laboratório, procurando estudar as funções cerebrais dos animais – práticas essas que motivavam os alunos. Mas, apesar dos objetivos bem estruturados, teve como resultado final alguns alunos passando o semestre todo apenas alimentando o animal, desempenhando tão-somente o papel de bioterista. Então, como fomentar interesse e produzir conhecimentos dessa forma? Seriam experiências básicas importantes para aprofundar o campo da neuropsicologia, por exemplo. É importante que se criem, sempre que possível, práticas incentivadoras ao conhecimento e à produção científica na graduação.

Há uma política nas universidades de que professores doutores e pesquisadores mais renomados atuem predominantemente na pós-graduação. É, de fato, importante que isso ocorra, mas é necessário fortalecer o ensino da psicologia, desde a base dos conhecimentos na graduação, inclusive na pesquisa e na extensão.

Os cursos formadores (de graduação) têm uma responsabilidade enorme, porém o problema da má qualidade de ensino não se restringe à psicologia. A Associação Brasileira de Medicina tem questionado a abertura de novos cursos e a baixa qualidade de ensino dos existentes. Em março de 2006, foi realizado em São Paulo o fórum "A formação médica e seus problemas – uma introdução a seu estudo", com o intuito de discutir problemas e apresentar propostas para resolução da questão da formação médica no Brasil. O processo de qualificação profissional também repercute na área do direito. A Ordem dos Advogados do Brasil (OAB) detectou em seus exames a baixa qualidade do ensino dos advogados e vem se empenhando nessa questão, inclusive questionando a abertura de novos cursos na área.

Na psicologia, deveria haver maior participação da categoria na questão da qualidade do ensino. Acompanhando e pesquisando problemas relativos à psicologia escolar, há hoje muitos problemas abordados muitos anos atrás, evidenciando a falta de evolução nos últimos anos, no que concerne à cooptação de esforços para fortalecimento e inovações na área. Mais do que nunca, a democratização e a qualificação dos conhecimentos psicológicos dentro dos próprios cursos são fundamen-

Psicologia e psicologia escolar no Brasil 131

tais. Todas as áreas tradicionais e emergentes deveriam ter, em princípio, a mesma preocupação do ponto de vista teórico e prático, o que verdadeiramente parece não ocorrer. Essa democratização não é somente no âmbito do ensino (disciplinas e estágios), mas também na pesquisa e na extensão. Isso, sem dúvida, estimularia o interesse e a produção acadêmica nos cursos de graduação em todas as áreas, buscando atividades inovadoras dentro e fora de áreas tradicionais.

Essa deveria ser uma preocupação na elaboração e reestruturação do currículo. Nota-se em alguns cursos que disciplinas e estágio em psicologia escolar não são obrigatórios. Quer dizer, o aluno pode se formar psicólogo, estar habilitado para atuar em escolas, na educação, sem nenhuma formação em psicologia escolar. Pesquisas apontadas neste livro mostram que uma parte desses mesmos alunos atua posteriormente nessa área. Infelizmente, a atividade clínica ainda continua sendo privilegiada nos cursos, inclusive como enfoque predominante de outras áreas – a exemplo da escolar, na qual se constatou, em pesquisa realizada e enfocada neste livro, que 81% dos psicólogos escolares exerciam atividade clínica nas escolas. Como ficam os trabalhos sociais preventivos na comunidade escolar? E a análise sociopolítica das próprias instituições? Os conteúdos dos livros didáticos? E os destinos das políticas públicas sociais? Sem dúvida, há um longo caminho a percorrer no que diz respeito à qualidade e ao compromisso social.

Na formação profissional, os estágios supervisionados deveriam merecer destaque especial, assim como a prática em todas as disciplinas e estágios supervisionados bem estruturados. Há, na realidade, ainda uma dicotomia entre disciplinas e estágios, teoria e prática. A formação deveria ser totalizante, retroagindo disciplinas à prática e estágios a novas teorias, em um atualizar e revisar constante e dinâmico do processo de aprendizagem. De modo geral, não houve uma boa articulação entre esses processos. As disciplinas que são pré-requisitos para estágios deveriam contar com uma prática maior e também com a formulação e a elaboração de um anteprojeto de atuação. Dessa forma, o aluno estaria preparado para desenvolver um bom trabalho nos estágios. Na execução do estágio formal, especialmente nas áreas de psicologia escolar e organizacional, há de se despertar para a existência de um esquema, por parte das instituições, de utilização de mão-de-obra barata – ou até gratuita – dos estagiários, em detrimento da contratação de novos profissionais. Exatamente por conta desse aspecto, é importante que o aluno tenha, no curso, uma boa formação, e se apresente com uma proposta de estágio competente já visando à contratação e ocupação do mercado de trabalho.

Torna-se importante implementar políticas de fortalecimento e valorização do profissional de psicologia que busca atividades socialmente mais relevantes. Além disso, há de se criar mecanismos mais eficientes para a ocupação do mercado de trabalho com competência técnica e política. Isso implica, necessariamente, a revisão crítica dos pressupostos teórico-metodológicos da formação acadêmica dos profissionais, além do fortalecimento da categoria profissional num trabalho político competente, por meio dos Conselhos Federal e Regionais, das Associações e dos Sindicatos, na luta pela ocupação digna do espaço profissional. Na Federação, em cada Estado, em cada município em específico, deve haver o esforço pela criação do cargo de psicólogo nas redes federal, estadual e municipal de ensino, saúde e em outras áreas emergentes, como forma de tornar a psicologia acessível às camadas socialmente desfavorecidas – e não continuar restrita apenas às elites nos consultórios e nas escolas particulares como geralmente ocorre.

Há também de se lutar pelo espaço do psicólogo em concursos públicos, estabelecendo-se um teto mínimo salarial. É muito comum que o médico e/ou outros profissionais da saúde ganhem bem mais espaço nesses concursos, ficando a categoria no ostracismo. Nos concursos para perito criminal e em concursos recentes na Câmara Federal, por exemplo, nossa categoria não foi contemplada. É preciso dar crédito à competência política dos órgãos representativos da categoria nessa busca importante de espaço profissional, afinal, é também este o seu papel: atuar e criar mecanismos eficientes na ocupação do mercado de trabalho para os psicólogos.

A atuação do psicólogo começa a se tornar indispensável em áreas emergentes. Pesquisas recentes em neuropsicologia e psicobiologia, envolvendo psicólogos, procuram desvendar cada vez mais as complexas funções cerebrais, e, nas áreas aplicadas da psicologia, ganham espaço o estudo e o desenvolvimento de programas preventivos de violência social e da insanidade mental.

Na prática psicológica, e especialmente em algumas áreas, alguns avanços têm ocorrido. Experiências como a 1ª Mostra Nacional de Práticas em Psicologia, apresentada no Anhembi, em São Paulo, em outubro de 2000, mostram a inédita e importante descentralização dos aten-

Psicologia e psicologia escolar no Brasil   133

dimentos psicológicos dos divãs e salas confortáveis para a periferia em salas improvisadas, a fim de que as pessoas com menor poder aquisitivo pudessem se beneficiar do atendimento psicológico. Esse evento revelou uma nova face da psicologia, retratando o real compromisso dessa ciência com a sociedade. Um engajado e inovado jeito de fazer psicologia foi evidenciado pela prática de diversos projetos Brasil afora. Podemos citar: Projeto Travessia (SP), com crianças e adolescentes de rua; Educação Rumo ao Terceiro Milênio (GO), desenvolvendo atividades socioeducacionais com alunos da rede pública; e História em Quadrinhos (RS), que utilizou essa técnica com os pais para estudar o desenvolvimento infantil. Importante também o Projeto Crescer (AL), que mostrou o trabalho de resgate da cidadania de moradores de duas comunidades periféricas de Maceió. A 1ª Mostra Nacional de Práticas em Psicologia representou, sem dúvida alguma, um marco histórico na categoria pela magnitude social e pela diversidade e importância de trabalhos e propostas sociais apresentados.

Seguindo essa tendência, é muito importante que a ciência psicológica cumpra verdadeiramente seu papel de executora de projetos sociais e politicamente relevantes no Brasil, em todas as áreas de atuação. É relevante que o psicólogo, juntamente com outros agentes sociais, possa efetivamente contribuir para a busca de soluções diante de tantos problemas sociais. Nas escolas e na educação, seu papel é fundamental, sobretudo em trabalhos preventivos articulados à comunidade – há muito que se fazer, especialmente na educação, entendendo esta como fator fundamental da formação de cidadania e de desenvolvimento do país.

Concluindo essa temática, é gratificante acompanhar o trabalho intenso da Associação Brasileira de Ensino de Psicologia (Abep). Realmente, constitui outro marco em nossa história, e também se trata de veículo de fundamental importância na reestruturação e na qualificação da formação profissional do psicólogo e nas conseqüentes melhorias.

2. Violações dos direitos humanos no Brasil: proposta de mudanças na formação e na prática do psicólogo*

I. O psicólogo baseará seu trabalho no respeito e na promoção da liberdade, da dignidade, da igualdade e da integridade do ser humano, apoiado nos valores que embasam a Declaração Universal dos Direitos Humanos.

II. O psicólogo trabalhará visando promover saúde e a qualidade de vida das pessoas e das coletividades e contribuirá para a eliminação de quaisquer formas de negligência, discriminação, exploração, violência, crueldade e opressão.

III. O psicólogo atuará com responsabilidade social, analisando crítica e historicamente a realidade política, econômica, social e cultural.

(Código de Ética Profissional do Psicólogo Brasileiro, 2005, p. 7)

O presente artigo expõe aspectos das violações dos direitos humanos no Brasil e apresenta uma proposta de mudanças na formação e na prática do psicólogo de forma a colaborar na reversão desse grave qua-

---

* Parte inicial deste trabalho foi apresentada no V Seminário Nacional de Psicologia e Direitos Humanos, promovido pelo Conselho Federal de Psicologia, Brasília, Distrito Federal, nov. 2003. Artigo publicado na *Revista Eletrônica Internacional de la Unión Latino-americana de Entidades de Psicologia*, n. 11, set. 2007.

dro social. Mostra que o problema se agrava acentuadamente em alguns grupos sociais como: mulheres, crianças e jovens, negros, pobres, analfabetos e homossexuais, apesar da criação do Programa Nacional de Direitos Humanos, em 1996, e da Secretaria Nacional dos Direitos Humanos, em 1997, que implementam políticas públicas nessa área. No grupo de mulheres, temos dados importantes dessa violação.

Segundo Zampieri (2004, p. 197):

> As mulheres na América Latina estão sendo infectadas com o vírus da Aids num ritmo crescente como na África e na Ásia. A Organização Mundial de Saúde, em conjunto com a Unaids, o programa das Nações Unidas para a Aids, estima que no Brasil a proporção homem–mulher de casos de Aids caiu de 16:1 em 1986 para quatro mulheres para cada homem em 2002.

Em outro trecho (p. 202), a autora afirma:

> De acordo com estudos realizados pela Opas (1991), na América Latina, a probabilidade de contrair o vírus da Aids é mais alta para mulheres que só fazem sexo com um homem, seu marido, do que para uma prostituta de um bordel que seu marido visita freqüentemente. [...] Infelizmente, para nossa realidade brasileira, isso deve ser um alerta.

Esse dado é muito importante para a reorientação de novas campanhas de prevenção de doenças sexualmente transmissíveis promovidas pelo Ministério da Saúde. A última pesquisa do Ministério da Saúde do Brasil em 2006, estudando a incidência da Aids, confirma essa previsão: aumento expressivo da doença em pessoas acima dos 50 anos com relacionamento estável e feminilização da Aids.

De acordo com pesquisa do Fundo das Nações Unidas para a População – UNFPA (2005, p. 66): "A violência doméstica é, de longe, a forma mais comum de violência de gênero. Segundo dados de inquéritos, entre 10% das mulheres de alguns países e 69% de outros são sujeitas a violência doméstica. Em cerca de um quarto dos casos, também ocorrem abusos sexuais".

Ainda na p. 67: "Há muito que a violência contras as mulheres está envolta numa cultura de silêncio. É difícil obter dados estatísticos fiáveis [sic], na medida em que a violência não é participada em grande parte dos casos, devido à vergonha, ao estigma e ao medo de represálias". Na p. 68, analisando as políticas preventivas, comenta: "Na América Latina e nas Caraíbas [sic], onde a maior parte dos países aprovou leis sobre violência doméstica, uma análise das dotações orçamentais dos ministérios pertinentes revela que as verbas destinadas à sua aplicação são insuficientes". Discutindo a feminização do HIV/Aids, essa pesquisa cita, na p. 37: "Cada vez mais, a face do HIV/Aids é um rosto de mulher". Examinando essa situação, mostra na p. 38 que "mais de quatro quintos das novas infecções por HIV entre as mulheres ocorrem no casamento ou no contexto de relações de longo prazo". Uma constatação perversa!

As mulheres não têm ainda representatividade expressiva na política brasileira por razões diversas e principalmente culturais – o "cerceamento velado" a que são submetidas desde o nascimento. É necessário que seu engajamento em carreiras social e politicamente relevantes seja incentivado: parlamentares, diplomatas, executivas de alto escalão nos três poderes, por exemplo. Na diplomacia brasileira, objetivando investigar os determinantes da sub-representação feminina na carreira, essa autora, também psicóloga e diplomata, afirma:

> [...] as inscrições de mulheres nos concursos representam cerca de 40% do total, ao passo que o ingresso de mulheres mantém-se estabilizado em torno dos 20%. As entrevistas confirmam a maior parte das hipóteses levantadas para o baixo interesse feminino pela carreira diplomática no Brasil – e conseqüente baixo índice de sucesso nos concursos, entre elas: o efeito da imagem masculina projetada sobre a carreira diplomática e a crença de que essa carreira é incompatível com a opção de constituir família no caso das mulheres. (Balbino, 2005, p. 4)

A igualdade de direitos entre homens, mulheres, povos e nações é o fundamento da liberdade, da justiça e da paz no mundo. Pensando nisso e a fim de garantir essa realidade, em 10 de dezembro de 1948, a Assembléia Geral da Organização das Nações Unidas proclamou a Declaração Universal dos Direitos do Homem. No âmbito internacional, organizações e tratados cumprem seu papel de resguardar a aplicação dessas leis contra genocídios e violações dos direitos humanos.

No que se refere aos direitos das mulheres, segundo a Convenção de Belém do Pará – Convenção Interamericana para Prevenir, Punir e Erradicar a Violência Contra a Mulher, adotada pela OEA em 1994, caracteriza-se como violência contra a mulher todo e qualquer ato ou conduta baseadas no gênero, que cause morte, dano ou sofrimento físico, sexual ou psicológico à mulher, tanto na área pública quanto privada.

A Conferência das Nações Unidas sobre Direitos Humanos (Viena, 1993) reconheceu formalmente a violência contra as mulheres como uma violação aos direitos humanos. A partir daí, os governos dos países-membros da ONU e as organizações da sociedade civil trabalham para eliminar esse tipo de violência, que já é reconhecido também como um grave problema de saúde pública. No Brasil, além da criação da Secretaria Especial de Direitos Humanos e das Delegacias Especiais da Mulher, foi criada no governo Lula a Secretaria de Políticas para as Mulheres (Spmulheres), que tem como objetivo traçar políticas públicas nessa área. Infelizmente, os dados da violação dos direitos das mulheres no Brasil são alarmantes. Em pesquisa realizada pela Fundação Perseu Abramo (2001), com pergunta estimulada, 43% das mulheres admitiram ter sofrido alguma forma de violência – contrastando com a resposta espontânea, na qual apenas 19% admitiram alguma forma de violência. Essa mesma pesquisa mostra que cerca de uma em cada cinco mulheres brasileiras sofreu algum tipo de violência por parte de um homem.

> A projeção da taxa de espancamento (11%) para o universo investigado (61,5 milhões) indica que pelo menos 6,8 milhões, dentre as brasileiras vivas, já foram espancadas ao menos uma vez. [...] Projeta-se no mínimo 2,1 milhões de mulheres espancadas por ano, ou seja, uma a cada 15 segundos. (Fundação Perseu Abramo, 2001)

Códigos e interpretações machistas ainda tentam justificar tais barbáries. Entretanto, a recente lei aprovada pelo Congresso Nacional brasileiro em 2006, denominada Lei Maria da Penha, penalizará com mais rigor os casos de violência contra a mulher no Brasil, e, com isso, espera-se uma diminuição expressiva desses casos.

No que diz respeito aos direitos das crianças, observa-se que, apesar da criação no Brasil do Estatuto da Criança e do Adolescente, em 1990, o quadro da infância e juventude ainda é perverso no país. Os indicadores de fome, doenças, analfabetismo, trabalho infantil, violências, chacinas, exploração sexual etc., assim como os casos de estupro contra mulheres, e especialmente contra crianças, aumentaram assustadoramente em todo o Brasil.

Sobre os homicídios de jovens, Waiselfisz (2004) aponta em suas pesquisas o seguinte dado: "O Brasil é o quinto em um ranking de 67 países com as maiores taxas de homicídios de jovens na faixa de 15 a 24 anos". A Promotora da Infância e Juventude, Selma Suerbronn, analisando problemas relativos aos jovens infratores, afirmou que os adolescentes sofrem de uma espécie de exclusão afetiva, pois estão distantes dos pais e ficam sem uma base emocional. Estudando a situação do desemprego entre os jovens, Márcio Pochmann, da Universidade Estadual de Campinas, concluiu que a taxa de desemprego é três vezes maior entre os pobres. Considerando esse tema, o governo Lula criou políticas afirmativas de inclusão das pessoas menos favorecidas aos programas sociais. Exemplo disso é a recente criação do Prouni, que permite bolsas integrais a alunos carentes em faculdades particulares. Aliado a isso, instituiu-se também a Secretaria de Promoção de Igualdade Racial – Seppir, órgão que cria políticas de inclusão de negros, a exemplo das cotas para ingresso nas universidades públicas destinadas aos afrodescendentes, como forma de inclusão social. O projeto vem dando certo e está sendo acompanhado de perto pelo governo e pelos movimentos de negros no Brasil.

Em julho de 2006, em busca de combate contra o racismo e discussão de políticas de inclusão social dos negros, a Secretaria Especial de Políticas de Promoção da Igualdade Racial (Seppir) promoveu, em Brasília, a Conferência Regional das Américas sobre Avanços e Desafios no Plano de Ação contra o Racismo, a Discriminação Racial, a Xenofobia e as Intolerâncias Correlatas.

Em avaliação sobre a situação dos jovens, o Fundo das Nações Unidas para a População (UNFPA) destaca que mais de 85% da juventude (15 a 24 anos de idade) do mundo vive hoje nos países em desenvolvimento, e o Brasil, sozinho, é responsável por cerca de 50% dos jovens da América Latina, o que traz um grande desafio para a sociedade brasileira.

Balbino (2002), analisando episódios de violência juvenil no Brasil, afirma que bebidas alcoólicas e outras drogas contribuem para os desfechos de tantos dramas envolvendo jovens. Essa autora questiona a existência de uma Secretaria Nacional Antidrogas, com algumas políticas bastante eficientes, mas que, ao mesmo tempo, omite-se em apelações dessa natureza. Evidencia o caráter perigoso do álcool, como droga socialmente aceita. Segundo o Levantamento da Secretaria Na-

Psicologia e psicologia escolar no Brasil   139

cional Antidrogas (Senad, 2006), o consumo de álcool, maconha e tabaco aumentou no Brasil nos últimos quatro anos. E mais: 12,3% da população brasileira é dependente do álcool; 10,1%, do tabaco; e 1,4%, da maconha. O levantamento apurou também que o consumo de droga é maior entre adolescentes de 12 a 17 anos.

Castro e Abramovay (2002) abordam o consumo e o tráfico de drogas nas escolas e em seu entorno, mostrando a necessidade de se desenvolver estratégias mais eficazes na política de prevenção. Por sua vez, a importância da mídia como formadora de opinião pública é também inquestionável, especialmente no que concerne aos jovens, promovendo, de forma geral, uma verdadeira fetichização.

Severiano (2001) faz uma reflexão crítica sobre as relações do homem com os signos criados pela mídia, desmistificando seus discursos sedutores usados para tal fetichização da mercadoria. Seu livro vem, de forma importante, colaborar na demanda de produção e sistematização de um saber capaz de refletir criticamente acerca dessas relações do homem com a mídia. A autora critica o fascínio exercido pelos objetos de consumo e suas promessas de soluções imediatas, num mundo que parece negligenciar o esclarecimento. Ela tomou amostras de jovens do Brasil e da Espanha para desenvolver seu trabalho de tese de doutorado em psicologia social.

De acordo com dados recentes do Centro Brasileiro de Informações sobre Drogas e Psicotrópicos (Cebrid, 2004), em levantamento nacional realizado em escolas públicas dos ensinos fundamental e médio em 27 capitais brasileiras, a idade do primeiro uso do álcool e do tabaco ocorre entre os 10 e 14 anos. Parece que os apelos sociais da mídia funcionam como coadjuvantes nestes tristes episódios.

Avançando além das discussões dos problemas, algumas pesquisas parecem vislumbrar caminhos ou delinear estratégias promissoras na área. Waiselfisz e Maciel (2003) analisam a criminalidade no entorno das unidades de ensino em Pernambuco e no Rio de Janeiro. O estudo expõe índices de gravidade dos fatores de risco nas escolas pesquisadas e aponta para a necessidade de formulação de políticas públicas mais eficazes na área educacional.

Ortega-Ruiz e Del Rey (2002) discutem a gestão da educação sob a perspectiva de mudanças nas políticas educacionais. Eles defendem a gestão autônoma das escolas e apresentam dados da aplicação dessa prática em alguns países e mudanças alcançadas. Zagury (2002) aborda

140 Vivina do C. Rios Balbino

a necessidade da complexa tarefa dos pais de impor limites na educação dos filhos.

Zimbres (2002) estabelece uma comparação entre experiências em políticas públicas de diversos países e alguns fatores de risco para a violência juvenil. Sem dúvida, psicólogos, educadores, médicos e cientistas sociais têm-se mobilizado na busca de possíveis causas, explicações e delineamento de medidas sociopolíticas preventivas.

Waiselfisz (1998) traça o perfil dos jovens e adolescentes de classe média de Brasília, tomando como partida a morte brutal do índio pataxó Galdino Jesus dos Santos, em 1997, por jovens brasilienses de classe média[1], trazendo à luz uma nova face da agressão juvenil.

Em 2006, o Congresso Interamericano de Educação em Direitos Humanos realizado em Brasília, além da excelente programação, apresentou um debate de grande importância. Nesse "Encontro dos Fóruns de Gestores de Ensino, Pesquisa e Extensão de Direitos Humanos", pró-reitores de ensino, de pesquisa e de extensão de universidades federais e particulares de todo o Brasil discutiram a relevância desses trabalhos na consecução do empreendimento de uma educação universitária mais voltada para os direitos humanos no Brasil. Tomando a educação como um processo amplo de ação e inserindo nele a psicologia, destaco aqui a relevância de pensarmos numa formação e prática do psicólogo brasileiro voltadas também para essa importante finalidade social.

Psicologia no Brasil: comprometimento social e cidadania

Importante destacar aqui o excelente trabalho da Comissão Nacional de Direitos Humanos do Conselho Federal de Psicologia, que, além

---

1 Na madrugada de 20 de abril de 1997, enquanto dormia num ponto de ônibus em Brasília, o índio pataxó Galdino Jesus dos Santos, de 44 anos, foi queimado vivo por cinco jovens de classe média alta. Jogaram-lhe álcool pelo corpo e atearam fogo. Durante o julgamento, os jovens afirmaram que pensaram se tratar de um mendigo e que era "apenas uma brincadeira". Em 2001, Max Rogério Alves, Tomás Oliveira de Almeida, Eron Chaves de Oliveira e Antônio Novely Villanova foram condenados a 14 anos de prisão. Gutemberg de Almeida, irmão de Tomás, cumpriu pena numa instituição para menores. Em 2002, Tomás, Eron e Antônio receberam autorização da Justiça para trabalhar. Antônio é filho de juiz federal, Eron e Tomás, de funcionários públicos, e Max Rogério é enteado de um ex-ministro do Tribunal Superior Eleitoral.

Psicologia e psicologia escolar no Brasil   141

de tantas iniciativas, lançou em 2005 uma campanha nacional com o tema "O que é feito para excluir não pode incluir" e os seguintes objetivos: identificar as práticas da psicologia no sistema prisional e contribuir na construção das atribuições, das competências e das possibilidades de formação para o psicólogo nessa área. A participação do Conselho Federal de Psicologia na Campanha contra a Baixaria na TV é outra louvável iniciativa, que visa à construção de uma mídia brasileira mais comprometida com a formação da cidadania. Relativo a esse tema, importante destacar o lançamento do livro *Mídia e direitos humanos* (Vivarta; Canela, 2006), promovido pela Agência Nacional dos Direitos da Infância (Andi), pela Secretaria Especial dos Direitos Humanos (SEDH) e pela Unesco no Congresso Interamericano de Educação em Direitos Humanos, em Brasília, em 2006. O livro objetivou discutir a contribuição da imprensa no cumprimento dos direitos humanos no Brasil. Segundo Vivarta e Canela (2006), "1% apenas dos textos jornalísticos no Brasil mencionam a Declaração Universal dos Direitos Humanos e 1% outras declarações, plataformas e programas de ações internacionais." Afirmam, ainda: "Os avanços em relação à agenda dos Direitos Humanos estão, historicamente, associados à atuação da imprensa responsável não apenas por denunciar violações a tais direitos mas também por fortalecer o debate público em torno das formas de garanti-los e promovê-los."

No âmbito da psicologia, destacam-se muitos trabalhos de relevância social. Na área específica do desemprego, vejo com otimismo a iniciativa do psicólogo Wanderley Codo, coordenador do Laboratório de Psicologia do Trabalho da Universidade de Brasília, que mantém um projeto de aconselhamento psicológico aos desempregados – trabalho muito significativo, uma vez que o índice de desocupação da população atinge 23%. A recente premiação, pela Unesco, de uma psicóloga da Universidade Federal do Rio de Janeiro, dentro do programa "Universitários sem Fronteira", pela relevância de seu trabalho em prol da cidadania dos jovens de uma favela, demonstra que o caráter sociopolítico da categoria em grandes projetos está sendo fortalecido.

O V Seminário de Direitos Humanos e Psicologia realizado em novembro de 2003, em Brasília, já evidenciava o forte compromisso da psicologia contra a violação dos direitos humanos e a favor de uma cultura para a cidadania plena do brasileiro. Muitas iniciativas, sem dúvida, estão em curso nessa área, mas certamente há muito ainda por fazer. Um bom exemplo do exercício de cidadania do Conselho Federal de Psicologia é sua recente e importante participação no "Expo Fome Zero – Brasil Socialmente Responsável", discutindo os grandes projetos sociais da categoria num avanço histórico pela cidadania brasileira.

O *Jornal do Conselho Federal de Psicologia*, de outubro de 2006, trouxe notícias animadoras nesse sentido. A participação da categoria no Grupo de Trabalho Interministerial sobre a Assistência Humanitária Internacional, a atuação na Defesa Civil e em ações no Ministério da Saúde em situações específicas de risco ou calamidade, a participação política por um tratamento mental mais humanizado no Brasil e a criação recente pelo CFP do prêmio profissional "Psicologia e práticas educacionais inclusivas" caracterizam, na prática, a vinculação real da psicologia aos direitos humanos.

Propostas para uma psicologia ainda mais articulada ao cumprimento dos direitos humanos no Brasil

Refletindo sobre o papel e o compromisso da psicologia com a questão social, e mais especificamente com a violação dos direitos humanos, serão enumeradas, agora, outras propostas para mudanças na formação e na prática do psicólogo brasileiro, buscando maior colaboração da categoria no cumprimento dos direitos humanos no Brasil. Evidentemente, é complexa a situação, e os problemas precisam de contextualização dentro das políticas nacionais e internacionais de combate à violação dos direitos humanos e da promoção da inclusão social. Porém, avançando além da complexidade sociopolítica dessas questões, faz-se necessário vislumbrar novos caminhos na direção da solução dos graves problemas sociais aqui suscitados. Como colocar a formação e a prática do psicólogo articuladas a uma maior compreensão social e a um engajamento prático mais vigoroso na questão da violação dos direitos humanos no Brasil? A seguir, são elencadas algumas possibilidades e propostas que contribuirão para tanto:

- Incluir no currículo da graduação em psicologia disciplinas e/ou unidades temáticas com enfoque no engajamento social teórico-prático dos alunos no ensino, na pesquisa e na extensão como forma de sensibilizá-los para uma participação mais efetiva em projeto sociais, que visem promover a cidadania dos brasileiros. Construir uma formação acadêmica competente para pesquisar, liderar trabalhos, formular propostas e agir, especialmente na área social. Nesse campo, é inegável a contribuição da psicologia escolar e social preventiva, que objetiva conscientização da necessidade da busca pela cidadania, da inclusão social e da criação de uma postura crítica, por parte das crianças e dos adolescentes, frente aos apelos e modismos sociais da mídia e do perigoso contato com bebidas alcoólicas, drogas, cigarro, exploração sexual e o crime.

- Nas universidades, haver profissionais de psicologia funcionando como agentes na criação de projetos de ação focados em direitos humanos no ensino, na pesquisa e na extensão. Além disso, empenho para a criação de cursos de pós-graduação na área dos direitos humanos. É importante a implementação de uma educação em direitos humanos em todos os cursos de licenciatura nas universidades. Dessa forma, em pouco tempo, haveria uma rede de multiplicadores e ações na área dos direitos humanos em todos os níveis escolares: do ensino fundamental aos cursos de pós-graduação. Com a extensa e importante rede de escolas públicas do Brasil, seria enorme a dimensão social desse trabalho contra a violação dos direitos humanos.

- Também na formação acadêmica, incluir conteúdo de políticas sociais brasileiras e internacionais capazes de subsidiar propostas e projetos sociais, permitindo adotar uma postura crítica e de colaboração no sentido de apresentar, por meio de um engajamento prático mais vigoroso, propostas de solução para os graves problemas sociais. Vale ressaltar que a Universidade Federal do Ceará já implementa na disciplina Psicologia Social II forte conteúdo nessa área, com temas de políticas públicas, cidadania e processos de exclusão e inclusão social. Esse conhecimento facilitará a inserção competente de mais profissionais de psicologia em atividades dessa natureza.

- Participação mais efetiva e competente da categoria nos trabalhos do terceiro setor, junto com as Organizações Não-Governamentais (ONGs) – como forma alternativa de tentar resolver os problemas sociais. Apesar de um grande número de psicólogos já trabalhar nessa área, faz-se necessária uma intensificação de esforços em trabalhos de maior relevância social. Participação com mais destaque ainda em grandes projetos contra a violação dos direitos humanos em nosso país.

- Também é importante refletir sobre a participação dos psicólogos em trabalhos voluntários e em grandes projetos nacionais, visando à promoção da cidadania dos brasileiros e à contribuição para uma sociedade mais democrática com oportunidades igualitárias. Participação mais efetiva nos grandes projetos e discussões nacionais, com destaque para cursos/institutos e órgãos representativos da categoria. Gostaria de destacar aqui a relevância da participação da categoria no "Projeto Banco Social de Serviços", que mostra o compromisso dos psicólogos voluntários frente aos grandes dramas sociais do Brasil.

- Da mesma forma, é necessário que psicólogos tenham maior atuação e participação na mídia, quer divulgando seus trabalhos científicos, quer simplesmente denunciando problemas e fatores que violem a integridade física e mental dos indivíduos, propondo alternativas e melhorias. É importante que a ciência psicológica saia, cada vez mais, de seus redutos (consultórios, divãs, empresas, escolas, revistas especializadas, congressos científicos etc.) e ganhe maior notoriedade social nas grandes discussões nacionais e na imprensa de massa (jornais, rádios, TV etc.) no contato direto com o povo.

- Estabelecendo metas além da psicologia estritamente, torna-se importante preparar o psicólogo para os grandes desafios sociais, rompendo os limites profissionais na busca de atuações emergentes, inovadoras e relevantes no cenário político. Como psicólogos diplomatas, parlamentares e/ou em outras carreiras sociais relevantes, poderão participar mais efetivamente das políticas nacionais e internacionais de inclusão social.

- Finalmente, cabe aos órgãos representativos da categoria (Conselhos Federal e Regionais de Psicologia, Associações, Sindicatos, cursos etc.) desempenhar suas funções com maior competência sociopolítica, articulando-se aos grandes projetos nacionais, buscando solução para os graves problemas brasileiros. Trabalhar além das sedes administrativas e escritórios e representar, com maior relevância, a ciência psicológica nos grandes debates nacionais – como já tem feito a categoria de forma brilhante.

Psicologia e psicologia escolar no Brasil   145

Aliado a isso, por meio de seu competente trabalho administrativo e de fomentação e gerenciamento de projetos, contribuir para a valorização e destaque do profissional de psicologia.

- Algumas sugestões na questão específica atribuída aos órgãos representativos da categoria profissional: pesquisar e acompanhar, com maior aprofundamento, a qualidade da formação dos psicólogos no Brasil (enfoque no sociopolítico), discutir e influir na política nacional de abertura de novos cursos de psicologia, estabelecer políticas de expansão do mercado de trabalho dos profissionais, pleitear e se empenhar na participação do psicólogo em um maior número de concursos, buscar apoio para estabelecer, por meio de projetos de lei, piso salarial da categoria, e articular-se a grandes projetos de relevância social. Também é muito importante uma maior democratização dentro da própria estrutura administrativa da categoria, estabelecendo sempre mais igualdade de oportunidades para todos os psicólogos, fazendo de cada psicólogo e suas idéias um parceiro importante nesse trabalho de (re)construção, fortalecimento da psicologia e de cooptação de esforços pela cidadania brasileira.

PARTE 4
POPULARIZANDO OS CONHECIMENTOS PSICOLÓGICOS

Acreditando na importância da popularização da psicologia e na necessidade de que os psicólogos deixem seus redutos tradicionais de trabalho e os fóruns científicos para ganhar também a grande mídia com temas relevantes para a sociedade, nesta parte do livro, são apresentados alguns pequenos artigos elaborados especialmente para publicação em jornais. Todos tiveram o objetivo de atingir o grande público em questões relevantes naqueles momentos, em decorrência de fatos trágicos ocorridos na sociedade e veiculados pela mídia, que sensibilizaram pela dramaticidade, pela clara violação dos direitos humanos, ou simplesmente foram resultado de reflexões pessoais.

Extrapolando as apresentações em congressos, em periódicos e em outros eventos científicos da psicologia, essa foi a maneira encontrada para materializar uma prática individual mais popularizada da psicologia. Com certeza, muitas são as modalidades de uma prática popular da psicologia, conforme discussões anteriores. Sem dúvida alguma, todas as contribuições – individuais ou coletivas – são de grande utilidade para enfrentar as graves questões sociais brasileiras. Que essas pequenas contribuições possam constituir-se também eventual material educativo complementar para subsidiar debates escolares e comunitários, especialmente no ensino médio e fundamental, ganhando a dimensão socioeducativa pretendida.

1. Violência juvenil que assusta: reeducar é preciso*

Fatos no Brasil e no mundo evidenciam uma realidade perversa: nossos jovens estão, cada vez mais, no palco de grandes tragédias, quer cometendo graves infrações e/ou crimes, quer sendo alvo de atrocidades. Sem dúvida, inúmeras são as causas, mas com certeza bebidas e outras drogas constituem pano de fundo para tantos dramas.

Incrédulos, assistimos, mais uma vez, a cenas de truculência de jovens de classe média alta em boates cariocas com requintes de perversidade... Por que os jovens estão tão violentos? São estarrecedores os inúmeros dramas juvenis. Fatos no Brasil e no mundo evidenciam uma realidade perversa: os jovens estão, cada vez mais, no palco de grandes tragédias, quer cometendo graves infrações e/ou crimes, quer sendo alvo de atrocidades. Violências generalizadas: desacato, lesões corporais, acidentes, assassinatos, roubos, mortes, envolvimento com

---

* Balbino, Vivina do C. Rios. "Violência juvenil que assusta: reeducar é preciso", *Correio Braziliense*, Cad. Cidades, Brasília – DF, 12 abr. 2004, p. 11; *O Povo*, "Opinião", Fortaleza – CE, 24 abr. 2004, p. 7; *Gazeta DF & Entorno*, Brasília – DF, abr. 2006, p. 6.

bebidas/drogas. Os dramas se repetem aqui e ali e a indignação de todos é enorme! Os delitos/crimes juvenis ocorrem em todas as classes sociais sem distinção – do pobre da periferia ao jovem rico.

Acidentes freqüentes de carro matam cada vez mais jovens na madrugada. Dados de pesquisas diversas do Departamento de Trânsito (Detran) mostram sua vulnerabilidade no trânsito na faixa etária dos 18 aos 29 anos. Por que eles dirigem tão perigosamente?

Sem dúvida, inúmeras são as causas, mas com certeza bebidas/outras drogas constituem pano de fundo para tantos dramas. Segundo o Centro Brasileiro de Informações sobre Drogas e Psicotrópicos (Cebrid), 51% das crianças entre 10 a 12 anos já tiveram contato com o álcool. As propagandas de bebidas alcoólicas, no entanto, continuam mais apelativas e audaciosas, convidando-os a experimentar e tomar essa droga tão magicamente apresentada... Outras drogas circulam livremente.

Divertimentos transformam-se em verdadeiros pesadelos! Viver perigosamente tem sido o lema dos jovens. Os rituais frenéticos nas academias, tantas vezes associados aos maléficos anabolizantes, são rotina. Na sociedade atual, o culto exagerado ao prazer, ao corpo perfeito, contamina os jovens e os fazem procurar cirurgias estéticas precoces, prejudicando sua saúde. Os apelos sociais, por meio da mídia, são enormes e coadjuvantes nestes episódios. A mídia, principalmente a TV, é na sociedade atual uma das maiores formadoras de opinião pública. E as crianças e os jovens normalmente estão ali plugados na TV, que às vezes até substitui as babás. Os pais reforçam estes modismos juvenis na medida em que lhes conferem certos privilégios como: TV, som e computador no quarto, celular e carro aos 18 anos. Isso, sem dúvida, lhes dá um excesso de liberdade, egocentrismo e uma sensação de "poder" perigosos. Tudo podem, tudo fazem – sem limites! Os fatos nos remetem a uma reflexão muito séria: o que está errado na educação dos nossos jovens?

Com certeza, a violência juvenil tem múltiplas origens e suscita perguntas: onde falham os pais? Onde falha a escola? Onde falha o Estado? A questão precisa ser aprofundada e medidas preventivas, efetuadas. Um grave problema social que precisa ser enfrentado com urgência! Tantas mortes, tantos dramas, precisam ter fim.

É de extrema importância implantar urgentemente educação e cultura contra a violência! Uma educação para a paz.

Nas famílias, é necessário que os pais invistam mais na educação dos filhos: limites, diálogo, "dar o exemplo" (isso funciona muito bem como referência para os filhos) e investir numa educação para a cooperação e convívio respeitoso: uma aprendizagem humanizada, que deve ter início na família. Aguçar o espírito crítico frente aos apelos da mídia e do perigoso contato com as drogas, principalmente o álcool, pela acessibilidade.

Nas escolas, além de bom ensino, educar para a cidadania e a responsabilidade social. Palestras e encontros com especialistas na prevenção de drogas (todas), criminalidade, doenças sexualmente transmissíveis etc. Implantar projetos sociais, nos quais alunos possam se engajar em trabalhos comunitários. Se conhecerem os grandes problemas sociais, terão maior compromisso social e, certamente, serão pessoas mais cooperativas!

Algumas medidas específicas precisam ser tomadas pelo Estado, como: melhoria dos sistemas de ensino, de prevenção de drogas (todas) e de recuperação de menores; reavaliação do Estatuto da Criança e do Adolescente, da função das Varas da Infância e da Adolescência, dos Juizados de Menores; e maior rigor nas Leis de Trânsito, obrigatoriedade do uso do bafômetro, na regulamentação de propagandas e na venda de bebidas alcoólicas.

2. Por que tanta violência juvenil?*

Os fatos preocupam os estudiosos do assunto e suscitam algumas perguntas: onde falham os pais na educação dos filhos? Onde falha a escola? Onde falha a sociedade? A questão é complexa e precisa ser analisada de forma profunda. É importante que a sociedade, por intermédio de órgãos governamentais competentes, analise com mais seriedade esses fatos e tome medidas educativas mais eficientes.

De novo, estamos estupefatos diante dos hediondos patricídios ocorridos recentemente em São Paulo e na Bahia. Jovens, aparentemente de boa vida de classe média, envolvidos em dramas terríveis. A imprensa divulga freqüentemente inúmeros episódios semelhantes no Brasil e no mundo todo, sem distinção.

Os pais estão mantendo um diálogo franco com os filhos para o estabelecimento de limites aceitáveis de liberdade? Os próprios pais têm se constituído bons exemplos para os filhos? Com base na família,

---

* Balbino, Vivina do C. Rios. "Por que tanta violência juvenil?", *Correio Braziliense*, Coluna Opinião, Brasília – DF, 16 nov. 2002.

Psicologia e psicologia escolar no Brasil   153

na escola e no contexto social, as relações humanas estão sendo pautadas dentro dos preceitos da ética, da moral, da dignidade e do respeito? Por que tanta violência, tanta revolta entre os jovens? Psicólogos, educadores e cientistas sociais têm-se mobilizado na busca de possíveis causas, explicações e delineamento de possíveis medidas sociopolíticas preventivas.

Recentemente sete jovens de classe média de Brasília, que estavam em excursão na cidade baiana de Porto Seguro, foram acusados de espancar e matar um garçom num restaurante na Passarela do Álcool. O deslocamento de jovens para essa praia tem-se constituído ritual de formatura dos ensinos fundamental e médio, tornando-se um desespero para os pais já tão atormentados pelos perigos da sociedade. Sabe-se que, aliado ao prazer sadio da viagem, perpassam fatos pouco nobres como consumo de drogas e de bebidas alcoólicas. É famosa a Passarela do Álcool por lá – perigosa apelação que já deveria ter merecido reflexão por parte das autoridades locais. Lá, famoso é também o "capeta", bebida alcoólica para povoar ainda mais o imaginário juvenil.

Existe uma Secretaria Nacional Antidrogas, e ao mesmo tempo permitem-se tantas apelações perigosas. O álcool não é uma droga? Por que não há controle mais efetivo sobre a venda de bebida alcoólica? Não bastam tantos alcoólatras, doenças crônicas e violências decorrentes do vício? Por que não educar e conscientizar sobre os perigos do álcool? E a banalização do uso de armas de fogo, inclusive por jovens? Outras drogas sendo consumidas abertamente... Tantas tragédias já ocorreram, tendo como origem a ingestão desenfreada de bebida alcoólica e outras drogas. Nos fins de semana e nos carnavais, certamente os pronto-socorros dos hospitais ficam cheios de jovens alcoolizados e envolvidos em atos de violência.

Esse fato, se verdadeiro, poderia ser denunciado pela classe médica. Os apelos sociais feitos por meio da mídia são enormes e funcionam como coadjuvantes nesses tristes episódios. Filmes, jogos e *sites* perigosamente manipulam as mentes juvenis. Não se poderiam estabelecer limites? O Ministério da Saúde proibiu a propaganda de cigarros na TV. Não há controle sobre a venda de bebidas alcoólicas para menores e as propagandas audaciosas sobre esses produtos ocupam espaço em horários nobres, aguçando a mente fantasiosa dos jovens. A mídia, principalmente a TV, é uma das maiores formadoras de opinião pública, promovendo verdadeira fetichização.

Abordando tema tão atual, cito a tese de doutorado da psicóloga Maria de Fátima Severiano, ex-aluna na Universidade Federal do Ceará, intitulada *Narcisismo e publicidade: uma análise psicossocial dos ideais de consumo na contemporaneidade*. Ela reflete sobre as relações do homem com os signos criados pela mídia, desmistificando seus discursos sedutores. Como conceber que ainda se permita a venda de forma tão fantasiosa das bebidas alcoólicas?

Na família, há de se repensar o conceito de educação proporcionado aos filhos. Jovens sadios, inteligentes, com bom poder aquisitivo, sendo estupidamente mortos, presos, torturados ou se tornando assassinos.

Tudo continuará como antes? Comboios de jovens nas praias regadas a álcool/drogas, micaretas e outras brincadeiras perigosas precedendo outros dramas? É importante que a sociedade, por intermédio de órgãos governamentais competentes, analise com mais seriedade esses fatos e tome medidas educativas mais eficientes. É necessário que pais e escolas assumam postura mais comprometida com a educação e conscientização dos jovens. Não devemos permitir que outras vidas sejam ceifadas, sonhos destruídos e outros dramas envolvendo jovens aconteçam.

3. Educação, consciência política e cidadania*

Tomara possam se sobrepor sempre a cidadania dos brasileiros e a democratização dos bens públicos em novas gestões políticas. Gestões políticas para os interesses do povo, fazendo de cada brasileiro um cidadão! Proporcionar cidadania é oferecer o pleno acesso à educação de qualidade – fator determinante do exercício da democracia.

A democracia plena faculta ao homem decidir sobre a própria vida e, obviamente, escolher seus dirigentes pelo voto, com consciência política. Na democracia, espera-se que o cidadão tenha, de fato, acesso à escola, ao conhecimento e a um bom nível de conscientização política numa escola de qualidade, que realmente informe e construa a cidadania. Infelizmente no Brasil, e no Distrito Federal em específico, o índice de analfabetismo ainda é alto e, intencionalmente ou não, cidadãos podem se transformar em massa de reserva, de manipulação. Cidadania, na verdade, é adquirida a partir do momento em que homens e mulhe-

---

* Balbino, Vivina do C. Rios. "Educação, consciência política e cidadania: 'massa de reserva'". *Correio Braziliense*, Coluna Opinião, Brasília – DF, 30 nov. 1998, p. 21.

res aprendem a ler a realidade através de uma visão verdadeira e totalizante dos fatos. Uma leitura crítica, no entender de Paulo Freire. E isso é possível pela educação de qualidade, como se falou. Verdadeiramente, proporcionar cidadania não é oferecer bens materiais como pão, leite, lote ou outras benesses. É, antes de mais nada, oferecer acesso à educação e ao saber – fator determinante do pleno exercício da cidadania. Formar o cidadão para o dever de responsabilidade com o bem-estar da coletividade. Mais que isso, é aprender a viver em comunidade e respeitar o patrimônio público.

Será que, nesses últimos anos, o governo do Distrito Federal estava no caminho certo politicamente, dando prioridade à educação, à Paz no Trânsito, à Saúde em Casa, ao Prove, à legalização dos terrenos públicos? Quase 80% da população acreditava nisso, apoiando esse governo com entusiasmo e orgulho pelas medidas adotadas, que repercutiam como exemplo de civilidade no Brasil e no mundo. A população do Distrito Federal, especialmente nesse período, teve orgulho de ser brasiliense e de morar em Brasília.

Outubro de 1998 era o período de eleição dos governadores. Na votação, seria o momento certo para escolher o candidato que de fato representava os interesses do povo do Distrito Federal. O momento de confirmar pela manutenção dessa sensação de cidadania sentida pela população, que se evidenciava nas pesquisas de opinião pública. Mas, estranhamente o resultado foi outro. O candidato que detinha quase 80% de aprovação foi derrotado.

O populismo demagógico, mais uma vez, parece ter se aproveitado do baixo nível de conscientização de alguns segmentos da população do Distrito Federal para se concretizar. A citada massa de reserva, de manipulação, parece ter sido novamente direcionada para fins eleitoreiros. Muitos e muitos votos "utilitários" e imediatistas pelo ganho dos 28% prometidos se sobrepuseram.

Infelizmente, segmentos da população parecem estar ainda acostumados a trocar o voto por benesses pessoais em detrimento de um bem social maior. Pelo que se percebeu, uma prática política coronelista, aparentemente superada, ressurge inesperadamente em Brasília, em cujo distrito se supunha encontrar alto índice de pessoas instruídas e politizadas do país. Parece de nada ter valido o movimento das Diretas Já e a mobilização contra a corrupção no governo Collor, que culminou com seu *impeachment*. Será que há ainda o que aprender? Quanto à res-

Psicologia e psicologia escolar no Brasil

posta dos eleitores nas urnas, de certa forma inesperada, é improvável que fatores como aliança com certa deputada federal, neutralidade de outro candidato ao governo, apoio do presidente ou erros de comunicação na campanha do atual governador tenham levado ao resultado final das eleições.

Acredito, sim, que o fator determinante foi exclusivamente o discurso demagógico e eleitoreiro ultrapassado, que contaminou alguns segmentos da sociedade, aqueles mais carentes dessas falsas ilusões. Tivesse o atual governador adotado a mesma postura demagógica, o curso dos fatos teria sido outro.

Infelizmente, a verdade não encontrou receptividade entre a pequena maioria dos cidadãos brasilienses. E o pacote fiscal do governo federal em curso, terá receptividade? E as invasões de terras públicas e o desrespeito pelo patrimônio público no Distrito Federal também? Somente o tempo nos evidenciará os rumos das políticas local e federal. Tomara possam se sobrepor sempre a cidadania dos brasileiros e a democratização dos bens públicos em novas gestões políticas. Gestões políticas para os interesses do povo, fazendo de cada brasileiro um cidadão!

4. Banalização dos crimes de violência e da impunidade: basta!*

Pesquisas confirmam que no ranking da violência, crianças, mulheres, negros, jovens, pobres, portadores de necessidades especiais e homossexuais continuam sendo as maiores vítimas. Diante de tamanho desrespeito, é importante que, além de espectadores, sejamos principalmente agentes de mudanças positivas nessa área dos direitos humanos no Brasil.

Visando estabelecer um controle maior sobre o que ocorre no Brasil na área de crimes violentos, o Ministério da Saúde criou, em setembro de 2006, o Sistema de Informação e Vigilância de Violências e Acidentes em Serviços Sentinela (Viva). Consitui um serviço importante de notificação de violência doméstica, sexual e/ou outras violências em Unidades de Urgência e Emergência de Saúde. Sem dúvida, esses dados serão importantes para subsidiar futuramente políticas públicas sociais mais efetivas nessa área. O projeto começa de forma gradativa e, aos

---

* Balbino, Vivina do C. Rios. "Banalização dos crimes de violência e da impunidade: basta!", *Agora*, Cad. Opinião, Divinópolis – MG, 6 set. 2007, p. 2A.

poucos, pretende atingir todo o país. O Secretário de Vigilância em Saúde mostra a importância do registro das ocorrências ao afirmar: "Isso vai mostrar qual o tipo de acidente/violência que predomina, em que faixa etária e onde ocorre". A medida ocorre em boa hora, porque infelizmente esses fatos continuam assustadoramente estampados na mídia sem um enfrentamento sério e competente para a redução/eliminação de danos.

Fatos de agressões/violência ganham espaço nos noticiários diariamente e envolvem principalmente os grupos de risco como mulheres, jovens e crianças. Espancamentos, mortes cruéis, estupros e outros crimes sexuais são predominantes. Em Brasília, fatos terríveis contra mulheres e adolescentes foram cometidos por presos que obtiveram saídas temporárias dos presídios durante o período natalino e transtornaram a vida dessas pessoas. São crimes irreparáveis, mas que de agora adiante serão mais bem controlados e punidos.

Pesquisas confirmam que no *ranking* da violência, esses grupos sociais continuam sendo as maiores vítimas: crianças, mulheres, negros, jovens, indivíduos com deficiência, homossexuais, entre outros. Diante de tamanha perversidade, é importante que, além de espectadores, sejamos principalmente agentes de mudanças positivas nessa área dos direitos humanos.

Os fatos de violência contra crianças, em específico, continuam assustadores e freqüentes. A mídia mostrou, nos últimos meses de 2006, crimes brutais pelo Brasil afora, nos quais crianças de 3, 4, e 9 anos sofreram violência sexual, algumas delas necessitando urgentemente de cirurgias reparadoras. Os fatos são horripilantes e os traumas psicológicos que acompanharão essas inocentes crianças são irreparáveis. Segundo o delegado que acompanhava um desses casos, pelo crime hediondo, o culpado poderia pegar até vinte anos de prisão. O que ocorreu com tantos outros agressores de crianças nesses últimos anos? Fato é que em todo o Brasil, e no mundo o desrespeito aos direitos humanos é generalizado. Em setembro de 2007, os jornais veicularam outro drama envolvendo criança. Na cidade mineira de Araguari, um homem estuprou e matou a pedradas uma menina de apenas 4 anos. O criminoso foi identificado e preso.

No enfrentamento dessas graves questões, a responsabilidade maior é obviamente do governo na implementação de leis e políticas públicas efetivas na prevenção e repressão desses crimes. Importante

160   Vivina do C. Rios Balbino

também que a sociedade civil se articule em associações, nos conselhos de classe, categorias e comunidades com ações de conscientização para enfrentar o problema. Inegável também o papel relevante das ONGs que pesquisam e trabalham com esses temas. Mas a questão prioritária ainda é educar as crianças/jovens e reeducar os adultos para a cultura da paz, do respeito aos direitos humanos por meio de políticas públicas preventivas eficientes. A prisão e punição pelos atos devem ser rigorosas.

A importante participação da mídia na sociedade atual é inquestionável, especialmente a TV, não só no papel denunciativo, mas no engajamento real em campanhas contra a violação dos direitos humanos. Ela deve ter como meta importante informar e formar cidadãos.

E, finalmente a grande e real transformação que poderá vir pela educação formal. Utilizando a grande rede nacional de escolas públicas do Brasil, implementar com urgência um plano de prevenção e repressão à violação dos direitos humanos. Não apenas em projetos específicos independentes, mas implantar mudanças duradouras no próprio currículo escolar. Perceber a educação como palco real de mudanças sociais por esse Brasil afora. Fazê-la cumprir verdadeiramente seu papel de informar e formar cidadãos conscientes de seus direitos e deveres numa sociedade democrática.

5. Carnaval tipo exportação: na contramão de políticas públicas sociais*

Um funcionário do Tesouro Nacional "vendia", na Europa, entre tantos produtos, fotos de uma modelo brasileira parcialmente desnuda sambando na Sapucaí. Será que esse é realmente um produto que queremos vender? Ostensivamente no sambódromo e blocos, propagandas audaciosas e apelativas vendem as bebidas alcoólicas de forma tão fantasiosa. Outra arbitrariedade contra as políticas públicas de prevenção de drogas.

Do carnaval tradicional anual, existe hoje uma proliferação de carnavais em épocas diferentes pelo Brasil afora, talvez por causa da influência dos trios elétricos baianos. Não resta dúvida de que o evento é uma das maiores manifestações populares brasileiras. Crescemos vivenciando e brincando o carnaval... Um carnaval brincante e alegre nos blocos pelas ruas ou nos salões dos bailes carnavalescos num ambiente

---

* Balbino, Vivina do C. Rios. "Carnaval tipo exportação: na contramão de políticas públicas sociais", *Correio Braziliense*, Brasília – DF, 14 fev. 2005, p. 20; *Agora*, Divinópolis – MG, 10 fev. 2005, p. 2.

familiar e prazeroso de bem-estar. Quem ali não estava por motivos quaisquer, apenas contemplava o espetáculo, ou tinha sua opção respeitada na quietude de seus lares.

Mas hoje, infelizmente, o carnaval ganhou novos contornos e interesses – o carnaval despretensioso de rua e de clubes ainda permanece em algumas poucas regiões do Brasil. Há de se destacar a riqueza, de certa forma preservada, do folclore pernambucano e do interior de Minas. No entanto, há atualmente uma indústria sofisticada do carnaval que fatura milhões, e o evento é vendido como produto brasileiro importante pelo mundo afora. O desfile das escolas de samba com riquíssimos aparatos e mulheres seminuas ganhou espaço na mídia, e sua divulgação é disputada por grandes empresas de TV. Os patrocinadores, na maioria produtores de bebidas alcoólicas, faturam outros milhões. Os trios elétricos baianos igualmente faturam enormemente com a venda dos abadás na sutil estratificação social dos foliões. Um carnaval também globalizado, produto de exportação, com apelos e danças erotizadas.

Mas, relembrando os antigos carnavais, quem não se lembra das belas marchas carnavalescas como "Abre alas" de Chiquinha Gonzaga, que enchiam de alegria nosso coração? Os maracatus, frevos, sambas e tantos blocos populares maravilhosamente retumbantes e coloridos extasiavam nossos ouvidos... Era coisa nossa, patrimônio cultural orgulhosamente resguardado e com manifestação popular espontânea.

Infelizmente, essa bonita história do carnaval brasileiro é passado. O que se vê é uma exploração capitalista desmesurada dessa festa popular. Nosso carnaval sendo vendido de forma deturpada e apelativa aqui e lá fora. Coincidentemente, no carnaval de 2005, notícias da política de exportação brasileira eram veiculadas pela imprensa. Não percebem as autoridades que esta prática vai, absurdamente, na contramão de tanto empenho por políticas públicas contra a exploração sexual de mulheres no Brasil?

Evidentemente, atitudes como essa inviabilizam todo o árduo e digno trabalho de parlamentares como Patrícia Sabóia e Maria do Rosário, com seus projetos para acabar com a exploração sexual infantil. Vendas como essa evidentemente só aumentam a prostituição e a exploração sexual, sendo as crianças e adolescentes as maiores vítimas. Empresas de turismo certamente vendem, de forma apelativa, pelo mundo afora também esse carnaval tão erotizado. Estabelecer políticas

Psicologia e psicologia escolar no Brasil   163

sociais contra o turismo sexual e permitir condutas dessa natureza é uma insensatez! Como vender um produto que tanto combatemos?

E os patrocinadores desse agora globalizado espetáculo? A mídia brasileira trava briga ferrenha para veicular com exclusividade os eventos e lucra enormemente com o patrocínio de grandes empresas. Bater recordes de audiência é a meta, os excessos e as apelações não são importantes. Pelos dados da imprensa, o patrocínio de grandes empresas às escolas de samba e blocos tinha sido recorde nesse carnaval em discussão. E a natureza dessas empresas é inusitada... Na lista figuram a Nestlé, a TIM, a Petrobrás e a Eletrobrás, a Mastercard e a Câmara de Comércio da Dinamarca! Quem diria? Em troca, vendiam os produtos e/ou imagens dos patronos. São milhões de reais. Pelo visto, um negócio altamente rentável!

Não bastam tantos problemas sociais e gastos públicos com os milhares, milhões de brasileiros dependentes do álcool pelo Brasil afora?

Aliado a isso, o excesso de erotização e a sensualidade exacerbada, principalmente no carnaval, constituem outro grande problema social. Constituem modelos extremamente prejudiciais para o saudável desenvolvimento psicológico de nossas crianças e jovens, além de contribuir enormemente para a prostituição e a exploração sexual infantil e adulta, gravidez precoce de adolescentes e proliferação de DSTs. Milhões de preservativos são distribuídos nos tantos carnavais com propagandas "criativas", mas faltam políticas públicas efetivas de prevenção de todas as DSTs, que tanto proliferam. São fatos que, lamentavelmente, vão na contramão de boas políticas públicas sociais no Brasil. Há de se repensar com seriedade essa realidade tão nefasta construída e vendida pelo Brasil, sob pena de danos sociais ainda maiores!

E, como disse Vinícius de Moraes em "Marcha de Quarta-feira de Cinzas":

Quem me dera viver pra ver
E brincar outros carnavais
Com a beleza dos velhos carnavais
Que marchas tão lindas
E o povo cantando seu canto de paz.

6. Respeito aos direitos humanos: garantia de justiça e de paz*

Somente pelo efetivo cumprimento da Declaração dos Direitos Humanos construiremos um mundo de justiça e de paz entre mulheres e homens, e as nações. Como cidadão, é necessário que cada um esteja sempre vigilante e denuncie qualquer arbitrariedade. Projetos de lei visam aumentar também o número de vagas nas universidades e melhorar a qualidade do ensino fundamental.

O cumprimento da igualdade de direitos entre homens, mulheres, povos e nações constitui-se no fundamento da liberdade, da justiça e da paz no mundo. Foi para garantir essa realidade que, em 10 de dezembro de 1948, foi proclamada, pela Assembléia Geral da Organização das Nações Unidas, a Declaração Universal dos Direitos do Homem.

Desde essa data, há uma vigilância mundial para que esses direitos sejam efetivamente garantidos. A ONU tem uma comissão e um Alto Comissariado de Direitos Humanos com vários comitês para fiscalizar

---

* Balbino, Vivina do C. Rios. "Respeito aos direitos humanos: garantia de justiça e de paz", *Gazeta DF & Entorno*, Brasília – DF, mar. 2006, p. 4.

e fazer cumprir qualquer abuso nessa área. Como cidadão, é necessário que cada um esteja sempre vigilante e denuncie qualquer arbitrariedade.

A própria história tem nos revelado que, infelizmente, alguns grupos sociais são mais discriminados, e seus direitos, com mais freqüência, desrespeitados. É o caso de mulheres, crianças, negros, homossexuais, imigrantes, pobres etc. Diariamente, crimes muitas vezes brutais ocorrem nesses grupos pelo mundo afora caracterizando um verdadeiro desrespeito aos direitos humanos.

No Brasil, elaborou-se, em 1990, o Estatuto da Criança e do Adolescente e, em 1997, foi criada a Secretaria Nacional de Direitos Humanos. Entretanto, os indicadores de fome, doenças, analfabetismo, trabalho infantil, violências, chacinas, exploração sexual, entre outros, demonstram que ainda não lhes asseguramos proteção.

Segundo pesquisa da Unesco, 53,7% dos jovens brasileiros morrem em decorrência de homicídios, acidentes e suicídios. Pesquisas em São Paulo e Rio de Janeiro mostram que 70% dos jovens morrem por causas externas. Jovens estupidamente mortos, presos, torturados ou tornando-se delinqüentes e/ou assassinos, geralmente utilizando álcool e drogas. É importante que a sociedade analise com mais seriedade esses fatos e tome medidas educativas eficientes. Essas questões sociais preocupam os estudiosos do assunto, que procuram identificar possíveis causas: pais na educação de seus filhos? Escola? Os meios de comunicação, como a TV com propagandas apelativas sobre consumismo, sexo, violências, bebidas?

Da mesma forma, apesar da criação das Delegacias de Defesa da Mulher, em 1985, no Brasil, infelizmente os dados mostram que a violência contra as mulheres ainda é muito alta. Dados da Organização das Nações Unidas mostram que 25% das mulheres brasileiras são vítimas de violência de gênero, e que em apenas 2% dos casos o agressor é punido. De acordo com a Fundação Perseu Abramo, a cada 15 segundos, uma mulher é espancada no país – em 70% dos casos agredida pelo marido ou companheiro. Um triste quadro que é preciso apagar, fazendo que qualquer abuso, espancamento ou estupro seja punido com rigor. É importante que o homem aprenda a respeitar a mulher como a ele mesmo. O grupo de mulheres, crianças, jovens, pobres e outros segmentos da sociedade continuam sofrendo com a ausência de políticas públicas e sociais efetivas.

Segundo Márcio Pochmann, da Universidade Estadual de Campinas, analisando a situação do desemprego entre os jovens, "a taxa de desemprego é três vezes maior entre os pobres".

Buscando atender os direitos de grupos de risco, em 2005, o governo brasileiro criou duas Secretarias – a Secretaria de Políticas para as Mulheres (Spmulheres) e a Secretaria Especial de Políticas de Promoção da Igualdade Racial (Seppir) –, que visam criar políticas sociais mais eficientes, educar contra os preconceitos e auxiliar no combate aos desrespeitos dos direitos humanos nesses grupos sociais.

Objetivando atender o maior ingresso de negros e de alunos carentes nas universidades públicas brasileiras, algumas universidades como a Universidade de Brasília e o próprio governo executam programas como o Programa de Avaliação Seriada (PAS), com avaliações ao longo do ensino médio sem vestibular para os melhores alunos. Cotas de vagas no vestibular para atender negros, afrodescendentes e indígenas é outra modalidade. Finalmente, o Programa Universidade para Todos (Prouni), de 2004, oferece bolsas em faculdades para alunos carentes que se destacam no ensino médio. Essas medidas efetivamente proporcionam maior inclusão social. Busca-se a democratização do ensino, fator importante de cidadania e de desenvolvimento social. Projetos de lei visam aumentar também o número de vagas nas universidades e melhorar a qualidade do ensino fundamental.

7. Mulheres e direitos humanos: uma realidade ainda perversa*

Estima-se que uma em cada cinco mulheres já sofreu violência sexual e uma em cada três foi espancada – sendo de 53% a 70% dos autores o marido ou companheiro. Cada vez mais, a Aids e as DSTs contaminam as mulheres, especialmente as casadas. É preciso difundir, nos órgãos de pesquisa e na mídia, a questão do gênero, o estudo da igualdade de direitos entre mulheres e homens.

O Relatório do Fundo das Nações Unidas para a População de 2005 evidencia uma realidade terrível para as mulheres. Estima-se que uma em cada cinco mulheres já sofreu violência sexual e uma em cada três foi espancada – sendo de 53% a 70% dos autores o marido ou companheiro. Cada vez mais, a Aids e as DSTs contaminam as mulheres, especialmente as casadas.

Mais de quatro quintos das mulheres recentemente infectadas por HIV são casadas ou têm relações estáveis com um único parceiro. O

---

* Balbino, Vivina do C. Rios. "Mulheres e direitos humanos: uma realidade ainda perversa!", *Correio Braziliense*, Brasília – DF, 15 dez. 2005, p. 19.

ideal de masculinidade continua levando homens a se envolver em comportamentos de alto risco. A violência sexista (desde assédio sexual, insinuações, humilhações, até crimes consumados) é altíssima: cerca de 38% das mulheres, representando um verdadeiro afrontamento à dignidade humana. No Brasil, dados da Fundação Perseu Abramo mostram uma situação também perversa.

Por outro lado, índices da Sociedade Brasileira de Cardiologia mostram que doenças como hipertensão, colesterol alto e complicações cardíacas acometem, cada vez mais, as mulheres. O tabagismo, o câncer e o alcoolismo crescem. Os dados são reflexo da mudança de comportamento relacionada ao gênero, sem uma equivalência de igualdade de direitos. Na Islândia, uma paralisação nacional das mulheres reivindica direitos iguais entre homens e mulheres. No Japão, país altamente industrializado e rico, as mulheres ainda lutam pela libertação numa sociedade machista. Em 2005, Angela Merkel foi eleita primeira-ministra, fato inédito na Alemanha. Recentemente, o Chile elegeu uma presidente para o país. Há décadas, as mulheres lutam por direitos iguais aos homens, e conquistaram muitos espaços. Elas predominam nas universidades e apresentam nível de escolaridade mais alto do que os homens, conforme pesquisas recentes. Entretanto, o salário não acompanha o perfil qualificado. As mulheres acumulam funções e responsabilidades. São profissionais no mercado de trabalho, mas ainda são responsáveis pelas atividades domésticas e educação dos filhos. Os homens, de modo geral, não absorveram essas mudanças sociais para oferecer a contrapartida – divisão das tarefas domésticas e educação dos filhos. No final, exauridas, as mulheres ainda precisam entrar com o capital e manter o trabalho doméstico, enquanto os homens se beneficiam das melhores condições financeiras e ainda impõem um código machista, no qual somente eles têm certos direitos e privilégios. A área sexual é também traiçoeira! Como conceber que tais injustiças ainda permaneçam?

Torna-se importante reeducar os homens para essas mudanças sociais, sendo a escola um meio extremamente eficaz de ação para a implementação dessas políticas de igualdade de direitos entre mulheres e homens. Os meios de comunicação, especialmente a TV, representam outro veículo importante para a execução de propagandas educativas. Infelizmente, as propagandas atuais ainda têm um ranço machista – as mulheres normalmente são vistas como meros objetos, ora para mostrar beleza, ora para incorporar o feio/ridículo, principalmente em propagandas de bebidas alcoólicas!

É preciso difundir, nos órgãos de pesquisa e na mídia, a questão do gênero, o estudo da igualdade de direitos entre mulheres e homens. Pesquisa-se muito a questão da violência e da criminalidade além da questão racial, sem enfoque nos preconceitos no grupo de mulheres – grupo social de altíssimo risco.

Somente com ações e políticas eficientes de reeducação de comportamentos, mulheres e homens poderão conviver em consonância com os preceitos da ética e dos direitos humanos universais. Têm se falado atualmente muito em ética, moral, corrupção e indignidade em vários setores sociais. É importantíssimo lembrar que a verdadeira lição/aprendizagem começa dentro de casa e na escola – pais, mães e professores como agentes estratégicos de reeducação social em favor dos direitos humanos, em especial das mulheres, ainda tão desrespeitadas. Uma reeducação ampla para o cumprimento dos direitos humanos das mulheres – o Código Civil Brasileiro e a Constituição já assegura esses direitos. Basta fazer cumprir.

8. Delinqüência juvenil e drama infantil: crime sexual em Brasília*

Por que jovens de classe média, aparentemente privilegiados, e que desfrutavam um momento de lazer planejam e executam ato tão desprezível e tão violento? É importante identificar os coadjuvantes nesse processo de abusos. Por uma educação de qualidade nas escolas, além do aspecto cognitivo, o psicológico, o filosófico e o sociológico, buscam entender a questão da ética, da moral e da integridade psíquica.

Estarrecidos, novamente assistimos a uma tragédia juvenil. Em 2005, duas pré-adolescentes, num inocente passeio noturno pelo Plano Piloto, em Brasília, deparam com alguns jovens que supostamente bebiam numa quadra de esporte, em uma área habitacional de classe média. O que seria um passeio se transforma numa noite macabra. Os jovens se aproximaram das meninas, e ofereceram vodca com refrigerante a elas.

---

* Balbino, Vivina do C. Rios. "Delinqüência juvenil e drama infantil: crime sexual em Brasília", *Correio Braziliense*, Brasília – DF, 15 ago. 2005, p. 20; *Gazeta & Entorno*, Brasília – DF, mar. 2006, p. 3.

Psicologia e psicologia escolar no Brasil 171

Embriagadas, e posteriormente em coma, elas foram conduzidas por eles até um apartamento nas proximidades, onde foram brutalmente estupradas. Com a violência do ato, uma das meninas sofreu grave rompimento do períneo com forte hemorragia, o que afugentou os jovens.

Um delinqüente de 23 anos já se encontra preso preventivamente, enquanto outros jovens estão sendo investigados. Descrito o brutal episódio, indignados, resta-nos perguntar: como explicar tamanha estupidez numa área de classe média alta de Brasília (como se fosse normal em qualquer lugar?), onde se espera um melhor nível de educação e conscientização? Por que jovens aparentemente privilegiados e que desfrutavam um momento de lazer numa quadra de esporte planejam e executam ato tão desprezível e tão violento? Como a história se desenrolou num ambiente aberto, próximo ao prédio, sem que ninguém percebesse? Como entender que seja tão fácil comprar e consumir álcool assim abertamente, mesmo para menores de idade?

Infelizmente, episódios como esses começam a fazer parte do dia-a-dia no Brasil. No entanto, não podemos permitir que a situação seja banalizada e aceita como fato normal. É importante que estejamos vigilantes e indignados com fatos de desvios de conduta como os descritos. A ação é restrita/localizada, mas é tão devastadora que pode aniquilar vidas humanas! Como permitir tamanho desrespeito aos direitos humanos? Tamanha violência contra crianças indefesas, no caso.

É necessário que a sociedade civil denuncie e se coloque contra tais abusos. Espera-se dos órgãos públicos a punição merecida diante do delito cometido. Mais importante do que isso é a criação de novos mecanismos e estratégias de prevenção dos delitos. A educação de qualidade nas escolas públicas e particulares, pautada não só no cognitivo, mas também nos aspectos psicológicos, filosóficos e sociológicos, que busquem entender a dimensão maior da vida e da natureza humana – a questão da ética, da moral e da integridade psíquica. Um comportamento "normal" nunca pode machucar ou ferir alguém! Há que atentar para a observância e o cumprimento dos direitos humanos.

Uma educação de qualidade nas escolas, que envolva em seu processo pedagógico as famílias e a comunidade, num exercício contínuo de reflexões e mudanças positivas no entendimento da natureza humana.

Por outro lado, o estabelecimento de leis efetivas por parte das autoridades competentes para coibir os abusos. Importante também identificar os agentes coadjuvantes nesse processo. O fato descrito evidencia um misto de desvios: personalidade malformada, banalização do álcool e erotismo exacerbado. A mídia, com propagandas audaciosas e maliciosas, vende de forma indevida as bebidas alcoólicas (drogas?) exercendo verdadeiro fascínio, especialmente sobre os jovens, constituindo combustível perigoso para tantas aventuras. Da mesma forma, programas (às vezes até infantis) e novelas na TV contribuem negativamente para a desenfreada exacerbação do erotismo e do sexo. O conceito de certo e errado na conduta humana está muito confuso, prejudicando muito a concepção desses conceitos, principalmente nos jovens. O respeito aos direitos humanos deveria ser a meta! Quem respeita não comete delitos nem inflige dor em outro ser humano! Presas indefesas tornam-se vítimas desses desvios. Uma cultura ampla pelos direitos humanos (condição que reuniria todos os aspectos requeridos acima) é a melhor forma de combater tais desatinos sociais!

9. Educação: um contraste que choca em plena capital federal*

No âmbito das políticas educacionais e das prioridades do dinheiro público, é necessário que o governo esteja mais empenhado em diminuir e eliminar essas diferenças tão gritantes. Deve prevalecer um ensino de qualidade em todas as escolas públicas deste país, e ainda mais: que todos tenham acesso a elas de forma digna e humana. O extraordinário poder de transformação social por meio da educação, como fizeram importantes potências mundiais.

Uma ardente quarta-feira recente em Brasília, por volta de doze horas e trinta minutos, transforma-se no palco de uma curiosa cena. Passando pelas imediações de grandes e conceituados colégios particulares no final da Asa Norte, vi a garotada sair em grupos, correndo e afoitos em busca dos pais, que por ali estavam em elegantes carros a esperá-los. Alguns poucos desciam animadamente pela rua afora.

---

* Balbino, Vivina do C. Rios. "Educação: um contraste que choca em plena capital federal", *Correio Braziliense*, Brasília – DF, 26 jun. 2006, p. 20.

E, no meio do burburinho da travessia dos grupos de jovens e de luxuosos carros, um fato inusitado e interessante chamou minha atenção. Um senhor, numa humilde e pequena carroça, conduzia seu filho, um garoto de uns 8 anos com uniforme de uma escola pública e mochila nas costas, passou cautelosamente pelo grupo de jovens e carros e seguiu seu caminho em direção às quadras das SQN 300, SQN 100. O pai seguia seguro na direção da carroça e o filho, feliz, estava agarrado à tábua frontal do veículo; todo orgulhoso, olhava para os lados observando calmamente o movimento de carros e pessoas. O pai estava sereno. Com certeza, felizes estavam os dois. Apesar de tanta miséria e dificuldades, estavam exercendo sua cidadania com muito orgulho e dignidade! Num gesto democrático, os carros calmamente também respeitavam o ritmo lento da carroça – o meu era um deles. A inusitada e bonita cena tocou-me profundamente, afinal sou educadora, e mostrou de forma bem real e crua os terríveis contrastes da educação brasileira, e a difícil vida de uma humilde família para exercer sua cidadania numa sociedade tão desigual e injusta.

Curiosamente, em plena capital federal, centro das decisões de políticas e diretrizes educacionais, esse fato choca e salta aos olhos. Desigualdades sociais precisam ser resolvidas com maior urgência possível! Educação é direito de todos, mas também de uma forma mais digna! O solavanco da carroça e o sol escaldante na cabeça sem proteção do garoto chocaram-me. O transporte escolar deveria ser a solução para aqueles que não podem pagar pelo transporte coletivo e tampouco têm o conforto de um carro particular.

Certamente era um pai pouco letrado, deixando de trabalhar e de ganhar seu dinheirinho por algumas horas, mas com a consciência cidadã de que deve acompanhar o filho à escola, mesmo que seja numa precária carroça! Um maravilhoso exemplo que, muitas vezes, não é compartilhado por tantos outros pais tão letrados e de classe social privilegiada. Por outro lado, pensei também, naquele instante, que talvez uma mãe dedicada estaria em algum barraco da periferia do Plano Piloto cuidando de seu lar e preparando a comida, por mais simples que fosse, para aqueles que estariam chegando de carroça. Igualmente um bonito exemplo da divisão social do trabalho doméstico numa família humilde e pouco letrada.

Sem dúvida, esse é o modelo de educação que deve ser seguido pelos pais. Cooperação e compartilhamento das atividades no lar. Dessa forma, o filho assimila bem o companheirismo, e, sob esse aspecto, a formação de sua personalidade se dará de forma bastante saudável, longe de outros tantos caminhos nebulosos, que acometem muitos filhos e famílias. Com certeza, feliz esse garoto e sua família! Quantas famílias endinheiradas não têm esse privilégio?

No âmbito das políticas educacionais e das prioridades de aplicação do dinheiro público, é necessário que o MEC se empenhe mais em diminuir e mesmo eliminar essas diferenças sociais tão gritantes. Deve prevalecer um ensino de qualidade em todas as escolas públicas deste país, e que todos tenham acesso a elas de forma digna e humana. Com boas instalações físicas e professores, tão importantes na formação de pequenos cidadãos, mais valorizados e respeitados profissionalmente. Retornar ao bom tempo em que educador era sinal de sabedoria e de *status* social. Dar ao educador, em qualquer nível de ensino, seu merecido valor – mestre! Dessa forma, e com todas as condições aqui abordadas, certamente formaremos verdadeiros cidadãos brasileiros. O extraordinário poder de transformação social por meio da educação, como fizeram importantes potências mundiais.

10. Mulheres casadas: alto risco de contaminação por HIV/Aids no Brasil*

O índice de contaminação do HIV/Aids em mulheres casadas aumentou terrivelmente nesses últimos anos no Brasil, na América Latina, na Ásia e na África. Reeducar homens e mulheres para o sexo com responsabilidade, políticas públicas sociais, para prevenir HIV/Aids, DSTs, gravidez indesejada, bebês jogados no lixo e tantos traumas advindos do sexo irresponsável. Os direitos são iguais para mulheres e homens. É preciso acabar com esse machismo perverso!

No livro *Erotismo, sexualidade, casamento e infidelidade*, Zampieri evidencia dados dramáticos do HIV/Aids. Conforme a autora, "é sabido que a epidemia do HIV tem avançado rapidamente entre as mulheres casadas, que são sexualmente contaminadas por seus parceiros". Acreditando na fidelidade do marido, as mulheres casadas deixam de usar camisinha. Pelo livro, observa-se que, segundo estudos da Organização Pan-Americana da Saúde (Opas), de 1991, na América Latina, a probabilidade de contrair o vírus da Aids é mais alta entre mulheres que só

---

* Balbino, Vivina do C. Rios. "Mulheres casadas: alto risco de contaminação pelo HIV/Aids no Brasil", *Gazeta do Oeste*, "Opinião", Divinópolis – MG, 5 set. 2007, p. 2.

Psicologia e psicologia escolar no Brasil 177

fazem sexo com o marido do que entre prostitutas, que fazem sexo casual com múltiplos parceiros. O índice de contaminação do HIV/Aids em mulheres casadas aumentou terrivelmente nesses últimos anos no Brasil, na América Latina, na Ásia e na África, transformando-nas no novo perfil do HIV/Aids.

Como vimos em outro artigo, dados do Relatório do Fundo das Nações Unidas para a População de 2005 evidenciam também essa realidade terrível para as mulheres. Segundo esse estudo, mais de quatro quintos das mulheres recentemente infectadas por HIV são casadas ou têm relações estáveis com único parceiro. O ideal de virilidade equivocado leva homens casados ou não a se envolverem em comportamentos sexuais de alto risco.

Com o aparecimento da epidemia do HIV/Aids e o crescimento das doenças sexualmente transmissíveis como sífilis, HPV, herpes e tantas outras, é necessário que homens e mulheres, independentemente da opção sexual, sejam reeducados para o sexo responsável. Caso contrário, eles podem se transformar em agentes perigosos de propagação dessas terríveis doenças.

Outro mito que precisa ser desfeito é o de que a camisinha previne 100% das DSTs. Pesquisas mostram que muitas delas podem ser transmitidas APESAR DO USO DA CAMISINHA. O ato sexual não é, absolutamente, o contato apenas dos órgãos sexuais; envolve contatos íntimos intensos através da pele e com secreções variadas, que podem transmitir algumas DSTs, mesmo com a camisinha. Essa é uma importante informação que necessita ser divulgada em programas de prevenção do HIV/DSTs em escolas e na mídia – distribuir milhões e milhões de camisinhas não impede totalmente a propagação dessas doenças.

Com o advento da pílula e da emancipação feminina, muitos homens e mulheres fazem sexo casual, muitas vezes irresponsavelmente. A liberação sexual, o erotismo exacerbado na mídia, a distribuição de camisinhas em campanhas populares e o culto exagerado ao prazer incentivam essa prática. Novelas e programas humorísticos, principalmente, exibem em qualquer horário cenas tórridas de adultério, prostituição, parceiros múltiplos, amantes diversos, sem o menor pudor e respeito, incentivando a sexualidade precoce e o sexo irresponsável.

O índice de contaminação é alto em todos os grupos. Pesquisas também mostram que é mais fácil uma mulher ser contaminada pelo homem desprotegido do que o inverso.

Das contaminações, talvez a mais cruel seja a *contaminação das mulheres casadas/com parceiro fixo, especialmente as casadas, que se casaram virgens e tiveram o marido como único parceiro.* Acreditando no amor romântico e no relacionamento monogâmico, ela confia no marido, não usa camisinha e se torna alvo extremamente fácil de contaminação, porque o marido, que ela pensa ser fiel, fora de casa, muitas vezes se envolve em atos sexuais de alto risco.

É necessário, principalmente nesse grupo, com políticas públicas efetivas, desmistificar a idéia da fidelidade, da monogamia. A fidelidade realmente existe? Na dúvida, o risco de contrair HIV/Aids é altíssimo, e o uso de preservativo masculino, portanto, indispensável! A mulher casada precisa ter poder e orientação para que o marido use camisinha com ela. Na maioria dos casos, o marido ainda se recusa a usar o preservativo, o que torna ainda mais perversa a situação de dominação. Mesmo assim, parece não existir sexo absolutamente seguro.

A solução é a reeducação para o sexo com responsabilidade, com políticas públicas sociais, para prevenir HIV/Aids, DSTs, gravidez indesejada, bebês jogados no lixo e tantos traumas advindos do sexo irresponsável. Nessa questão, é extremamente importante também lembrar que os direitos são iguais para mulheres e homens. É preciso acabar com esse machismo perverso – mulheres e homens têm os mesmos direitos!

11. Repensar valores e cultivar virtudes*

Embora estejamos vivendo numa sociedade que prioriza o imediatismo, o consumismo, o prazer fácil e o descompromisso, a fragilidade do caráter e o mau exemplo, que tal dar uma trégua a esse automatismo comportamental social e refletir sobre as virtudes? Temos sentido, nesses últimos anos, uma tendência de intolerância e indignação a essas práticas generalizadas de ilícitos impunes nas diferentes áreas: literatura, cinema e setores organizados da sociedade. É hora de um basta à crise moral!

Será que os valores sociais estão chegando à exaustão? Estarão os cidadãos revendo seus conceitos e valores? A crise moral e ética dos políticos estaria impulsionando tais mudanças? Acredito que não somente tais fatores internos, mas que possivelmente esteja havendo uma tendência mundial de expressar certo descontentamento e repúdio à realidade social atual, às vezes tão perversa.

---

* Balbino, Vivina do C. Rios. "Repensar valores e cultivar virtudes", *Correio Braziliense*, Brasília – DF, 23 jan. 2006, p. 19.

No Natal de 2005, uma reportagem no *Correio Braziliense* intitulada "O pecado mora ao lado", de Érica Andrade, com subtítulo "No Natal, uma trégua aos vícios para falar de virtudes", chamou minha atenção. No texto, estudiosos do assunto são entrevistados. Segundo o advogado Luiz Otávio Amaral, do movimento nacional pela ética Acorda Brasil, nosso país tem "desgraçadamente desprestigiado o bom e o moral, para render homenagens à esperteza e à rudeza de caráter". Acho que a corrupção e a impunidade existentes há anos e anos têm infelizmente incentivado a prática generalizada de ilícitos sem o medo da punição.

Analisando esses comportamentos, o psicoterapeuta Flávio Gikovate diz: "[...] Assim, vive-se uma época em que os valores éticos e morais estão muito pouco em voga, o que não é nada bom". De acordo com ele, nas relações pessoais, a virtude é o respeito por direitos iguais, e o vício, tudo o que faz desequilibrar a balança, tanto a nosso favor como contra nós. Analisando as virtudes, o psicoterapeuta afirma: "O justo costuma ser a pessoa que melhor domina sua vaidade e controla bem todas as suas emoções. Penso que a pessoa justa é aquela que se governa por sua razão, e não por impulsos". Para ele, essa seria a maturidade emocional e moral. Ainda na visão de Gikovate, "humildade e orgulho são duas formas de expressão da vaidade, representam o instinto natural pelo exibicionismo, que deve ser controlado a qualquer custo, pois nos conduz a erros graves de escolha".

Acho que o momento não poderia ser melhor. Natal e recomeço de ano é um bom período para refletirmos sobre a vida, retomar projetos e buscar maiores realizações pessoais e coletivas. Embora estejamos vivendo numa sociedade que prioriza o imediatismo, o consumismo, o prazer fácil e descompromissado, as aparências, a falta de conteúdo, a fragilidade do caráter e o mau exemplo, que tal dar uma trégua a esse automatismo comportamental social e refletir sobre as virtudes? Será que essas qualidades pessoais estão ultrapassadas?

Temos sentido, nesses últimos anos, uma tendência de expressão dessa exaustão nas mais diferentes áreas do conhecimento. Na literatura, tendências atuais criticam e retomam novos e virtuosos conceitos sociais. A *Ética do Rei Menino*, livro do educador brasileiro Gabriel Chalita, caminha nessa direção. A história fictícia dos habitantes do Reino Mágico é permeada de virtudes como amor, respeito, caridade, cooperação, simplicidade e paz. Não deixa de ser um convite a um novo modo de vida social! DBC Pierre, no livro *Vernon God Little*, faz uma reflexão

Psicologia e psicologia escolar no Brasil 181

crítica sobre a sociedade norte-americana (ocidental, brasileira?) que, ao incentivar o sucesso desmedido, a vaidade, o egoísmo, a esperteza em tudo leva os indivíduos a uma vida fútil, vazia e autodestruidora. Nessa crítica, evidencia a TV como coadjuvante importante na construção dessa cultura social perniciosa. Lembro-me agora de que alguns anúncios normalmente projetam essa futilidade nociva. Por exemplo, propagandas apelativas de bebidas alcoólicas, que associam o produto ao sexo banal, à beleza, à felicidade e à alegria momentânea. Como saída para esse vazio, DBC Pierre parece vislumbrar a possibilidade de uma mudança espiritual capaz de ajudar a reverter essa tendência. Seria também o redescobrimento do culto às virtudes?

No cinema, o filme *Beleza Americana* retratou de forma crítica os valores e os costumes da decadente sociedade norte-americana. Mais recentemente, *Dogville* também nos brindou com outra excelente e bem elaborada crítica à sociedade norte-americana, mostrando valores fúteis e mesquinhos movendo ações vis de cidadãos no dia-a-dia.

Observando a sociedade atual e analisando a situação de mulheres e homens na contemporaneidade, quero crer na sabedoria de escolhermos sempre o melhor para nós e para um mundo melhor. E cito as sábias palavras do psicanalista Jurandir Freire Costa, em *O vestígio e a aura – corpo e consumismo na moral do espetáculo* (2004, p. 240):

> Seja como for, o carro da história não tem marcha a ré. Querendo ou não, somos todos contemporâneos, e este é o nosso mundo. As novas experiências corporais fazem parte da nossa identidade, e compete a cada um fazer delas uma ponte para a autonomia ou uma reserva a mais de sofrimento e destruição. Apostemos na melhor hipótese. Afinal, a futilidade, a ganância e a violência só conseguiram, até hoje, empolgar os tolos, os medíocres e os arrogantes. E, na maioria dos casos e dos fatos, sempre fomos mais que isso.

Da exaustão atual de valores perniciosos ao culto de valores virtuosos, essa é a saída. Cultivar virtudes como generosidade, humildade, temperança e outras para um mundo melhor. Que venham as virtudes!

12. Em greve, uma universidade vai à praça*

Importante o empenho para que doutor, numa universidade pública, não seja apenas de uma classe social privilegiada! É fundamental que o grande público conheça os motivos das greves e, por conta desse ato, tome conhecimento também do grande patrimônio universitário público do Brasil. Quem sabe novos doutores acadêmicos sairão dali, do meio do povo?

A universidade vai à praça... Não se trata de peça teatral nem de filme de ficção! Em outubro de 2005, professores e alunos da Universidade Federal do Ceará foram à Praça do Ferreira, no centro de Fortaleza, encontrar-se com o povo numa inusitada associação do popular com o acadêmico durante um período de greve. Dessa forma, a universidade se fez conhecer por meio de seus funcionários e alunos. Áreas diferentes do conhecimento demonstrando, em praça pública, o seu saber e fazer, enquanto apontavam as suas reivindicações como instituição:

---

* Balbino, Vivina do C. Rios. "Em greve, uma universidade vai à praça", *Correio Braziliense*, Brasília – DF, 14 fev. 2005, p. 22.

Psicologia e psicologia escolar no Brasil   183

melhores condições de ensino e de salário. De Brasília, eu tomei conhecimento do fato e lembrei-me de que no final da década de 1980, como professora em exercício naquela universidade, participara de um evento similar na mesma praça e também durante uma greve.

Visando um compromisso de transparência com o povo, a universidade foi às ruas mostrar sua função. Em inúmeras, grandes e coloridas barracas, que despertavam a atenção do povo, no meio da praça, profissionais e alunos de vários cursos desenvolviam atividades educativas. Na barraca da odontologia, temas como saúde bucal e prevenção de câncer de boca predominavam. Na ala do direito, informações sobre os direitos do consumidor ecoavam, enquanto alunos da assessoria jurídica colhiam dados para novos conhecimentos, novas pesquisas. Na barraca da medicina e enfermagem, além da avaliação da pressão sanguínea, orientações gerais de saúde eram dadas. O grupo de mulheres recebeu informações sobre o câncer de mama. Outros cursos faziam a propagação de seus conhecimentos em palestras, discussões e demonstrações da prática profissional.

Ao mesmo tempo em que mostrava sua função social, a UFC espalhou também faixas contendo as principais reivindicações do movimento docente e dados da educação brasileira, entendendo que o povo também precisa saber o motivo da paralisação das atividades acadêmicas – não se faz greve sem fortes motivos.

É necessário também mobilizar-se para que a educação tenha prioridade neste país. Um povo sábio e culto constrói uma grande nação! Na linguagem do grande educador Paulo Freire, é preciso que todos os brasileiros aprendam a ler a realidade. Infelizmente, nas universidades públicas, naquele momento, a greve era uma realidade.

No encerramento do grande evento em praça pública, apresentaram-se grupos folclóricos brincantes que participavam de um projeto de extensão da universidade e um grupo de reisado, transformando a praça do Ferreira num grande palco de dança, canto, alegria, numa enorme e contagiante demonstração da cultura popular cearense. Literalmente, foi o encontro do saber acadêmico com a sabedoria/cultura popular – fato tão importante na construção do conhecimento totalizante e da educação de um país.

Pela relevância social, este é um ato a ser seguido. Imaginem se todas as universidades federais, nos períodos de greve, fossem para as praças públicas com bonitas barracas numa prática educativa como fez o Ceará – o país se transformaria num grande e bonito palco do conhecimento acadêmico e da alegria. É importante que as universidades possam eventualmente sair de seus aposentos e ganhar as ruas para demonstrar sua função social e seu papel acadêmico. E mais, que não sejam somente nas greves.

Normalmente, tomam ciência da greve apenas professores, alunos, funcionários e familiares. A paralisação costuma ter pouca repercussão na grande mídia. É fundamental que o público conheça o grande patrimônio universitário público do Brasil. Quem sabe, novos doutores acadêmicos sairão dali, do meio do povo. O fato evidencia a democratização do saber numa forma simples e comovente, principalmente num período em que se discute tanto e criam-se novas formas democráticas de ingresso nas universidades públicas e gratuitas. Cotas para afrodescendentes, para alunos carentes (em Brasília, o PAS) e tantas outras. A universidade encontrando-se com o povo e estimulando a escolarização. Essa é a meta da educação no Brasil: ensino de qualidade para todos!

Quando se fala em universidade, concebe-se geralmente a imagem apenas de um grande prédio, onde funcionam vários cursos de ensino superior. Uma escola de doutores. Mas a UFC mostrou que universidade pode ser também isso – professores e alunos trabalhando em praça pública ao lado do povo. Que as nossas praças estejam sempre cheias de atividades acadêmicas e culturais promovidas não só por universidades, mas por escolas de modo geral, cumprindo verdadeiramente seu papel social como uma atividade rotineira e planejada, independentemente de greves.

13. Violência contra as mulheres no Brasil: até quando?*

Com a Lei Maria da Penha, caiu em todo o Brasil o número de denúncias sobre ocorrências de violência contra as mulheres. É um fato grave que precisa ser analisado profundamente nas suas raízes. Por que as mulheres, que teriam agora maior proteção para denunciar, não o fazem? Políticas socioeducativas nas escolas, projetos sociais comunitários pela (re)educação de homens violentos, fortes campanhas na mídia, aliados à revisão da Lei Maria Penha, são alguns caminhos possíveis.

Apesar dos esforços, o número de violência contra as mulheres continua altíssimo e se manifesta de várias formas em todo o mundo. No Brasil, diariamente deparamos com fatos e acontecimentos trágicos que só confirmam a triste estatística. No entorno do Distrito Federal, duas jovens são violentadas e mortas brutalmente. Somente ontem, várias notícias estampadas na mídia, que confirmam a violência e opressão maior das mulheres no Brasil. Uma menina de apenas 4 anos é

---

* Balbino, Vivina do C. Rios. "Violências contra as mulheres no Brasil: até quando?", *Jornal de Brasília*, "Opinião", Brasília – DF, 6 set. 2007, p. 14.

brutalmente violentada e morta à pedradas em Araguari (MG), enquanto se noticia mais uma morte trágica de uma parturiente mal atendida num hospital no Espírito Santo.

Ao completar vinte anos de existência das Delegacias da Mulher no Brasil, comemoram-se os avanços de medidas socioeducativas na área e divulgam-se panfletos sobre a nova Lei Maria da Penha – aprovada recentemente e que deveria trazer tantos benefícios.

No entanto, nessa comemoração, e levando ao público as medidas preventivas e punitivas adotadas nessa área, especialistas que trabalham na defesa dos direitos da mulher divulgam números impactantes: com a implementação da Lei Maria da Penha, caiu, em todo o Brasil, o número de denúncias sobre ocorrências de violência contra as mulheres nas delegacias especializadas. É um fato grave que precisa ser analisado profundamente nas suas raízes. Por que as mulheres, que teriam agora maior proteção para denunciar, não o fazem?

Vários certamente são os motivos: impossibilidade de retirar a queixa, dependência financeira e emocional do marido/companheiro, falta de confiança na justiça e medo da reação trágica do marido ao se ver denunciado. Sabe-se que o agressor de mulheres, de modo geral, é um indivíduo com personalidade extremamente agressiva, com controle emocional pífio e dado a atos violentos e explosivos, que a companheira certamente bem conhece!

Os dados são alarmantes em todo o país, e essa violência atinge todas as camadas sociais – das periferias aos bairros nobres. O agressor pode ser tanto um analfabeto como um doutor.

No Distrito Federal, apenas em 2006, foram 3.927 ocorrências registradas nas delegacias. Segundo a delegada Sandra Melo, no ranking dos crimes de 2006, predominam as ameaças seguidas de lesão corporal e injúrias. Segundo ela, no ano de 2007, houve menos ocorrências de agressões físicas. Esses dados, no entanto, talvez possam confirmar o que se verifica em São Paulo e outras cidades – o medo de denunciar – por causa da lei mais rígida e suas conseqüências. Analisando esses números, essa mesma delegada diz não acreditar que a mentalidade machista da sociedade brasileira tenha mudado muito. Ela alega avanços, mas destaca que temos um longo caminho pela frente a fim de obter as mudanças tão desejadas.

É uma área sombria e devastadora, que demanda contínuos estudos e práticas efetivas para reverter esse quadro tão desumano. Recen-

Psicologia e psicologia escolar no Brasil

temente ocorreu um fato horripilante. Um leitor, indignado com uma notícia lida num jornal, escreveu uma pequena carta comentando o trágico fato. Dizia da sua indignação que, em pleno 2007, pai estuprava filha adolescente e mãe não denunciava por causa de dinheiro, perguntando na carta: "O que fazer com um pai e uma mãe desses?" Realmente terrível, sombria e perversa a situação dessa sofrida adolescente. Pior, isso provavelmente ocorre rotineiramente país afora. São violências silenciosas e "veladas", o que torna mais difícil combatê-las. Denunciar é o começo, indignar-se com os fatos e se expressar como cidadão. A conivência ou a indiferença ferem a nossa dignidade humana.

Sem dúvida alguma, é preciso que o governo tome providências enérgicas para enfrentar essas trágicas violências contra as mulheres. Insisto em políticas socioeducativas nas escolas (forte conteúdo de direitos humanos nos currículos escolares), projetos sociais em cada comunidade pela (re)educação de homens violentos, fortes campanhas na mídia e melhor estudo da Lei Maria Penha com suas implicações na diminuição das denúncias. Repensar formas de punição. A Spmulheres precisa se articular melhor com todos os segmentos que enfrentam essa questão para buscar coletivamente políticas mais efetivas.

De forma triste, o que sentimos é que, apesar de tantas mudanças sociais, emancipação feminina no mercado de trabalho, maior escolarização que os homens, fortalecimento dos órgãos de defesa dos direitos da mulher, propagandas na mídia, mudanças na legislação em favor da mulher etc., o quadro ainda não mudou. As mulheres, desde criança, continuam sendo vítimas indefesas nas mãos de homens violentos, que desconhecem as leis dos direitos universais. Se um homem gosta de ser respeitado, que aprenda primeiro a respeitar a mulher com quem compartilha a sua vida!

14. Consumo de bebidas alcoólicas no Brasil: uma realidade assustadora*

Quem não vê diariamente grupos de adolescentes entrando e saindo de supermercados com bebidas? Esse perigoso modismo é mundial, e na Europa e nos Estados Unidos já existe discussão para conter esse consumo preocupante, como no exemplo dos maços de cigarro, estampar nos rótulos de bebidas fotos com doentes terminais. Aliado a isso, adotar uma política enérgica também contra a veiculação livre de propagandas de bebidas na mídia, especialmente na TV.

Segundo a Organização Mundial de Saúde (OMS), o Brasil é um dos países que mais consomem álcool no mundo. Dados de uma pesquisa recente da Secretaria Nacional Antidrogas (Senad) revelam que 12% das pessoas com idades entre 12 e 65 anos são dependentes de bebidas alcoólicas e mostram um aumento do consumo de álcool entre jovens com idade entre 12 e 17 anos. Especialmente nas festas de final

---

* Balbino, Vivina do C. Rios. "Consumo de bebidas alcoólicas no Brasil: uma realidade assustadora", *Agora*, "Opinião", Divinópolis – MG, 12 set. 2007, p. 2B; *O Povo*, "Opinião", Fortaleza – CE, 16 set. 2007.

Psicologia e psicologia escolar no Brasil 189

de ano e no carnaval, esses problemas se agravam, e o número de mortes no trânsito e/ou por agressões decorrentes do consumo de álcool aumenta assustadoramente. Nos Estados Unidos, o número de óbitos associados ao consumo de álcool nessa época salta para 70%. No Brasil, não há pesquisas específicas, mas o quadro é semelhante. Entretanto, nos EUA, as leis são severas, e motorista bêbado pode ir para a prisão. No Brasil, nem o uso do bafômetro é obrigatório em caso de suposta embriaguez.

A facilidade para comprar bebidas, o fascínio que as propagandas apelativas de bebidas exercem sobre os jovens e os modismos de vincular bebida a momentos de descontração, prazer e felicidade levam jovens a experimentar novos e perigosos modos de ingerir o álcool. Mania entre os adolescentes, os *alcopops* ou *gummy* são bebidas gasosas que contêm essência de fruta adicionada a algum destilado. Os componentes adocicados atraem enormemente os adolescentes, que abusam da mistura e se embebedam facilmente, podendo chegar à dependência. Quem não vê diariamente grupos de adolescentes entrando e saindo de supermercados com bebidas, principalmente destiladas e sucos/refrigerantes? Esse perigoso modismo é mundial, e, na Europa e nos Estados Unidos já existe discussão para conter esse consumo preocupante.

No Brasil, pela primeira vez, o Centro Brasileiro de Informações sobre Drogas Psicotrópicas (Cebrid) detectou em suas pesquisas de 2006 esse novo consumo "atrativo" do álcool – destilados como cachaça, vodca e uísque somados a bebidas energéticas ou sucos. Esse fato representa um agravante no consumo do álcool. Para desmistificar esse novo "modismo alcoólico", é importante estabelecer de forma urgente políticas firmes de caráter educativo, que vinculem bebida a doenças graves e a trágicos acidentes de carro, visando sensibilizar para o perigo. Com o exemplo dos maços de cigarro, estampar nos rótulos de bebidas fotos com doentes terminais. Aliado a isso, adotar uma política enérgica também contra a veiculação livre de propagandas de bebidas na mídia, especialmente na TV, e maior controle na venda de bebidas alcoólicas. No livro *Narcisismo e publicidade: uma análise psicossocial dos ideais de consumo na contemporaneidade*, a psicóloga Maria de Fátima Severiano faz uma análise teórica e empírica dos ideais veiculados pela publicidade, discutindo os discursos sedutores usados para a fetichização da mercadoria. No caso específico, a mercadoria aqui é o perigoso álcool,

190 Vivina do C. Rios Balbino

apresentado de forma tão fantasiosa. E, mais grave: marcas diferentes de bebidas alcoólicas financiando esportes!

Analisando esse tema em *Mídia e subjetividade*, Ana Olmos afirma com competência:

> As sociedades contemporâneas, estigmatizadas pela massificação e pelo constante incentivo ao consumo, têm enfrentado a chamada desertificação de seus espaços plurais, ocasionando o esvaziamento das coletividades, das comunidades. Mediando esse contexto, está a televisão, cultuada como a referência dominante. É fato. Hoje a cultura da mídia é a cultura que domina, que organiza as formas sociais, substitui as manifestações culturais, faz a cidadania enxergar o mundo sob a sua ótica, sob suas lentes, em seus vieses. As mídias, hoje, principalmente a televisão, detêm o poder de fazer crer e fazer ver, lembrando o filósofo Pierre Bourdieu. Seus ícones substituem valores, contextos sociais, famílias, grupos, constituem os arquétipos do imaginário, são árbitros de valores e aceitação. De gosto e medida. Os novos meios tecnológicos impõem-se como uma nova realidade, cuja medida ainda não está posta: desconhecem o controle, a vertente democrática, a regionalização em sua produção. Enquanto reordenam as nossas percepções, traduzem em novos modelos de experiência a subjetividade humana.

Entendendo a magnitude dessa influência, atualmente a Agência Nacional de Vigilância Sanitária (Anvisa) discute a normatização de propagandas de bebidas alcoólicas, especialmente na TV. Com certeza, é um importante passo no enfrentamento desse grave problema social – o alcoolismo. Inevitavelmente, a mídia tem grande influência nessa questão, tanto que a proibição de veiculação de propagandas de cigarros na mídia, principalmente na TV, e o uso propagandas associando o cigarro a imagens fortes de doentes terminais fizeram cair drasticamente o consumo dessa droga. Certamente, com o álcool, adotando procedimentos parecidos, teremos o mesmo resultado – diminuir drasticamente seu consumo.

Deve-se considerar, ainda, que o consumo do álcool é muito mais grave do que o do cigarro, e isso se justifica pelos transtornos imediatos decorrentes da droga – como a agressividade, a distorção visual e do equilíbrio, perda dos reflexos e letargia, principalmente se associados ao volante. Além desses comportamentos imediatos, existe uma enormidade de doenças graves decorrentes do seu consumo que podem levar à morte. Os dados aqui apresentados e, infelizmente, os fatos trágicos estampados na mídia diariamente envolvendo consumo de álcool justificam a adoção urgente de políticas públicas eficientes para a redução imediata desses danos.

15. Jovens e drogas: conscientizar é preciso*

Um recente festival de música em Brasília foi palco para mais uma exposição do drama: nossos jovens estão se embriagando cada vez mais! Lícitas ou ilícitas, as drogas estão aí a nos desafiar sempre em novas modalidades e disfarces. Uma política nacional de combate às drogas, no entanto, não será totalmente eficiente se não incluir a participação dos Juizados de Menores, do policiamento planejado, maior fiscalização do Detran (bafômetros), maior atuação da Secretaria Nacional Antidrogas e uma ação da mídia no sentido de reforçar o projeto educativo de prevenção.

Cada vez mais, as operações policiais especializadas revelam dados preocupantes. Grandes quantidades de drogas são descobertas prontas para a distribuição, com os jovens como alvos – principalmente nos carnavais fora de época e nas festas *raves*, como evidenciam as freqüentes operações policiais de busca e apreensão de drogas. O consumo de

---

* Balbino, Vivina do C. Rios. "Jovens e drogas: conscientizar é preciso", *Correio Braziliense*, Brasília – DF, 11 out. 2004, p. 20; *O Povo*, Coluna Leitor, Fortaleza – CE, 26 set. 2005, p. 2; *Diário do Nordeste*, "Opinião", Fortaleza – CE, 13 nov. 2004.

álcool mostra outra grande tragédia. Um recente festival de música em Brasília foi palco para mais uma exposição do drama: os jovens estão se embriagando cada vez mais! Os dados foram alarmantes naquele evento: 782 atendimentos nos postos de atendimento do festival – jovens e adolescentes de ambos os sexos alcoolizados. Segundo um dos organizadores do festival, o aumento no número de atendimentos teve uma explicação: "Este ano, equipes recolheram os jovens que apresentavam sinais de embriaguez, em vez de deixá-los caídos no chão". Quantos corpos estariam então caídos no chão inertes, ao longo das 22 horas de festa, caso não fossem atendidos? E qual seria o número dos semi-embriagados e dos levemente embriagados no trânsito após a festa durante a madrugada? Mesmo com diligências policiais e ações dos comissários da Vara da Infância e Juventude, os jovens bebem. De acordo com dados do Centro Brasileiro de Informações sobre Drogas Psicotrópicas (Cebrid), 51% das crianças na faixa etária dos 10 a 12 anos já experimentaram bebida alcoólica. O consumo de outras drogas também é alto e merece um enfrentamento por parte dos órgãos competentes. Lícitas ou ilícitas, as drogas estão aí a nos desafiar sempre em novas modalidades e disfarces.

Além da falta de políticas educativas nas escolas, a mídia parece funcionar como uma grande coadjuvante nestes tristes episódios. Em qualquer horário e sem restrições, propagandas audaciosas e apelativas sobre bebidas alcoólicas são veiculadas. Absurdamente, são os maiores patrocinadores dos grandes eventos esportivos! O álcool é uma droga psicotrópica, e o uso freqüente pode acarretar hepatite, câncer, cirrose, entre outros. Os transtornos mentais e os grandes dramas familiares acompanham esse quadro, a exemplo das demais drogas.

Quanto se gasta no Brasil com os atendimentos hospitalares aos dependentes do álcool/drogas? Provavelmente muito, basta observar o que aconteceu no citado evento musical. O que ocorre nos hospitais nos carnavais ou mesmo num inocente final de semana... macas pelos corredores hospitalares recolhendo jovens estupidamente embriagados/drogados.

Encarar o álcool como droga também é um importante passo. Daí, implementar políticas públicas nas escolas, nos meios de comunicação e nas comunidades para conscientizar sobre os riscos das perigosas drogas. É neste aspecto que vejo como altamente promissor o projeto "Prevenção do Uso de Drogas para Educadores de Escolas Públicas" oferecido pelo MEC e Senad aos educadores de ensino médio e fundamental de todo o país, coordenado pela psicóloga e especialista na área Fátima Sudbrack, da UnB. Englobando drogas lícitas e ilícitas, o projeto, de forma competente, é articulado ao ensino no país inteiro, num planejamento sério e continuado, que provavelmente trará bons resultados. Tomar educadores e pais como agentes sociais de conscientização, num trabalho sério de prevenção em drogas, é um procedimento altamente eficaz dada a sua importância na formação da personalidade dos alunos/filhos.

Uma política nacional de combate às drogas, no entanto, não será totalmente eficiente se não incluir a participação também dos Juizados de Menores, do policiamento planejado, maior fiscalização do Detran (bafômetros), maior atuação da Secretaria Nacional Antidrogas e uma ação da mídia no sentido de reforçar o projeto educativo de prevenção. Além disso, encarando o alcoolismo como doença, deveria agir também o Ministério da Saúde para proibir propagandas de bebidas alcoólicas na mídia, a exemplo do que foi feito na campanha antitabagista. As propagandas atuais de bebidas alcoólicas, especialmente na TV, estão na contramão de todas as políticas públicas. Dessa forma, com projetos amplos e competentes de prevenção e de repressão, o sério problema poderá ser minimizado e até resolvido.

Considerações finais

É consensual a percepção de que a realidade latino-americana requer a participação de todos os setores da sociedade. A psicologia desenvolveu-se muito nos últimos cinqüenta anos, tanto no campo da ciência, como no saber específico sobre as necessidades, as motivações e os interesses do ser humano. Estudantes, profissionais e entidades ligados à psicologia, dessa forma, têm a responsabilidade de se posicionar como referência para a construção de políticas sociais voltadas à América Latina. A participação de todos é de suma importância. (Jornal do Federal, 2007, p. 3)

A citação acima diz respeito ao processo de mobilização da categoria para a participação no Congresso Latino-americano de Psicologia da ULAPSI – 2007, em Cuba. Nota-se, no entanto, que as propostas apresentadas neste livro estão em plena consonância com as orientações temáticas do congresso, assim como com os princípios norteadores da atuação dos psicólogos no Brasil. Evidentemente, a realidade social dos outros países da América Latina tem enormes afinidades com o Brasil, desde o processo de colonização européia do continente.

Outro fato gratificante, ao finalizar este livro, foi constatar, conforme dados contidos na introdução da presente obra, que os trabalhos e

196 Vivina do C. Rios Balbino

as propostas aqui discutidas e apresentadas para a formação do psicólogo brasileiro estão também em consonância com vários itens da Resolução do Ministério da Educação de 2004, referentes às novas Diretrizes Curriculares para os cursos de psicologia no Brasil,

Sem dúvida alguma, a psicologia vive um novo tempo no Brasil. O Conselho Federal de Psicologia, especialmente nas gestões da doutora Ana Bock e nas valiosas contribuições de inúmeros profissionais, que se esforçam para discutir e propor trabalhos articulados aos reclamos sociais ou desenvolvem projetos relevantes de cunho social, são os protagonistas desse fato histórico. A evolução da ciência psicológica, nesse sentido, foi lenta e paulatina em praticamente todas as áreas da psicologia, acrescentando o surgimento de inúmeras práticas inovadoras, numa tendência natural de modernização e contextualização dos conhecimentos da psicologia em práticas emergentes nesse início de século.

Na área da psicologia escolar – e por que não na ciência psicológica –, vale destacar o trabalho pioneiro da professora Maria Helena Souza Patto no início da década de 1980, no repensar crítico do trabalho do psicólogo escolar, norteando e fomentando o pensamento crítico de muitos profissionais da área, em que me incluo. Aliado a isso, o importante trabalho da professora Solange Wechsler na criação da Associação Brasileira de Psicologia Escolar e Educacional (Abrapee), instituição que muito vem contribuindo para o crescimento e a valorização da psicologia escolar. Percebo que, apesar de tantos esforços, essa área talvez não tenha ainda acompanhado, a contento, a evolução crescente da psicologia com enfoque sociopolítico por questões e motivos diversos, já discutidos nos capítulos deste livro, principalmente na Parte 1.

Ademais, entendo hoje mais claramente que o grande desafio agora é o avanço da psicologia como um todo, sem as estratificações de áreas ou segmentos isolados do conhecimento, mas como uma ciência estruturada, bem fundamentada e competente do ponto de vista teórico-prático e como categoria socialmente atuante. Mesmo porque, sendo a graduação um curso formador de profissionais para um mercado de trabalho em constante evolução, *entendo que o currículo de graduação dos cursos de psicologia* deve, cada vez mais, ser generalista e de excelente qualidade, contemplando de forma igualitária todas as áreas, constituindo uma base sólida de conhecimentos para uma atuação de qualidade em qualquer desafio profissional, em qualquer área, tradicional ou emergente, que a lei lhe faculta. Entendo também que é nas especia-

Psicologia e psicologia escolar no Brasil 197

lizações e na pós-graduação que se deve buscar o aprofundamento específico, segundo o interesse pessoal, profissional e as condições do mercado de trabalho.

Percebo também, com imensa satisfação, o florescimento intelectual e social da psicologia em todas as áreas, com debates, propostas e ações que engajam, na prática, a ciência psicológica às grandes demandas sociais atuais de um Brasil em desenvolvimento. Na área da saúde, a articulação da psicologia à saúde pública e ao trabalho do Sistema Único de Saúde (SUS) é altamente animador, além do fortalecimento de áreas como a hospitalar em segmentos como UTIs, doentes terminais, geriatria, neonatologia etc. O Centro de Referência Técnica em Psicologia e Políticas Públicas (Crepop) representa um avanço extraordinário na construção de uma presença social da profissão de psicólogo no Brasil. A inserção da categoria no conhecimento, na colaboração e na construção de novos caminhos nas políticas públicas sociais no Brasil é fundamental para a construção de um país cada vez mais justo e democrático.

A popularização dos conhecimentos e a maior participação dos psicólogos em trabalhos socialmente relevantes contribuirão para enfrentar tantas demandas sociais e, especificamente, as inúmeras violações dos direitos humanos no Brasil. Importante destacar aqui os inúmeros trabalhos de psicólogos já existentes na denúncia e nas propostas de solução, no que diz respeito à violação dos direitos das minorias e dos discriminados socialmente: analfabetos, deficientes, crianças, adolescentes, mulheres, negros, doentes mentais etc. Os graves problemas sociais decorrentes dos altos índices da violência juvenil e do abuso de drogas, especialmente entre os jovens, merecem também toda a atenção no estudo dos fatos e na formulação de políticas públicas mais eficazes. O abuso do álcool, pelo caráter lícito e pelas propagandas abusivas na mídia, apresenta-se também como grande desafio.

No entanto, no grupo de mulheres, acredito que o quadro ainda é extremamente sombrio, exigindo também um maior engajamento da categoria nessa terrível situação social. O trabalho da psicóloga Zampieri, os dados recentes da UNFPA e as últimas informações do Ministério da Saúde sobre a contaminação de Aids no Brasil trazem dados extremamente preocupantes e graves, assunto muito abordado neste livro na questão da violação dos direitos humanos e nos curtos artigos para a mídia apresentados. Torna-se muito importante, portanto, a atuação maior dos psicólogos também nessa área, principalmente por se tratar de uma questão na maioria das vezes "velada", mas que na realidade provoca graves danos físicos e psíquicos.

A atuação denunciativa do psicólogo na violação dos direitos humanos nos manicômios e o engajamento na construção de um tratamento mais humanizado na área da doença mental no Brasil representam, já há algum tempo, um avanço extraordinário. A recente inserção do psicólogo em projetos e tratados internacionais de atuação em emergências e desastres, articulados aos organismos internacionais e à diplomacia brasileira, é outra concretização da psicologia no campo da cidadania e dos direitos humanos – uma proposta social grandiosamente humanitária. Também são animadoras as inserções recentes do Conselho Federal de Psicologia pela participação mais vigorosa do psicólogo na área jurídica em processos de mediação e conciliação nos fóruns da justiça federal e estadual.

Igualmente merece destaque a recente participação, no Distrito Federal, dos psicólogos no Conselho Distrital de Promoção e Defesa dos Direitos Humanos (CDPDDH). Sem dúvida, essas inserções importantíssimas colocarão o psicólogo colaborando, na prática, para a solução dos inúmeros e graves problemas de violação dos direitos humanos no Brasil.

Finalizo, feliz, minhas considerações, com muita convicção de que estamos no caminho certo da busca por uma psicologia que efetivamente deixe sua marca prática de um engajado e importante trabalho de colaboração na promoção da cidadania, da inclusão social, da justiça e da democracia no Brasil, quer seja num trabalho intenso denunciativo das desigualdades sociais, quer seja no trabalho prático engajado e comprometido com as causas descritas anteriormente. Uma psicologia verdadeiramente articulada às políticas sociais pela diminuição das desigualdades sociais e pela emancipação das mulheres e dos homens brasileiros nos seus plenos direitos. E que a sociedade civil como um todo e o Estado brasileiro também possam agir de forma cada vez mais eficaz contra essas desigualdades, por um Brasil muito melhor. Enfim, espero que este modesto livro possa contribuir ao importante trabalho sociopolítico da psicologia, constituindo material para reflexões e mudanças na formação e na prática do psicólogo brasileiro.

Bibliografia

ABRAMOVAY, M.; RUA, M. das G. *Violências nas escolas de Brasília*. Brasília: Unesco, Instituto Ayrton Senna, Banco Mundial e Fundação Ford, 2002.

ALMEIDA, N. V. F. *Estudo descritivo do trabalho do psicólogo escolar*. 1983. Dissertação (Mestrado) – Universidade Federal da Paraíba, Paraíba, João Pessoa.

ARAÚJO, J. E. S. *A formação do psicólogo e o estágio supervisionado. Um estudo comparativo conduzido nos institutos paraibanos de educação*. v. 1. 1985. Dissertação (Mestrado) – Universidade Federal da Paraíba, Paraíba, João Pessoa.

BALBINO, V. do C. R. *Diplomata. Substantivo comum de dois gêneros: um retrato da presença feminina no Itamaraty no início do séc. XXI*. 2005. Dissertação (Mestrado) – Instituto Rio Branco, Brasília, Distrito Federal.

_____. "Psicólogo escolar: agente de mediação no processo de mudança social?". *Revista de Psicologia*, Fortaleza, Editora da UFC, n. 6, v. 1, p. 95-109, 1988.

_____. "Por que tanta violência juvenil?". *Jornal Correio Braziliense*, Coluna Opinião, Brasília-DF, 16 nov. 2006.

BASTOS, A. V. B. "Área de atuação: em questão o nosso modelo profissional". In: *Quem é o psicólogo brasileiro?* Brasília, Conselho Federal de Psicologia, 1988, cap. 10.

BASTOS, A. V. B.; GOMIDE, P. I. C. "O psicólogo brasileiro: sua atuação, e formação profissional". *Psicologia, Ciência e Profissão*, n. 9, p. 6 -15, 1989.

BEZERRA JÚNIOR, B. C. "Uma encruzilhada cultural: entre o espiritual e o nervoso". *Psicologia: Ciência e Profissão*, Brasília, Conselho Federal de Psicologia, n. 2, p. 7-8, 1989.

BORGES ANDRADE, J. E. *Contraponto: psicologia, ciência e profissão.* Brasília: Conselho Federal de Psicologia, n. 1, p. 32, 1986.

BORGES ANDRADE, J. E.; CUNHA, M. H. B.; COSTA, M. T. P. M. "Descrição do psicólogo do Distrito Federal: perfil social e econômico e formação profissional". *Arquivos Brasileiros de Psicologia Aplicada*, Rio de Janeiro, FGV, n. 35, v. 4, 1983.

BRANDÃO, C. R. (org.). *O educador: vida e morte.* Rio de Janeiro: Graal, 1982.

_____. (coord.). *Perspectiva e dilema.* Rio de Janeiro: Popular, Graal, 1984.

_____ et. al. *A questão política da educação popular.* São Paulo: Brasiliense, 1984.

CAPES. *Sistema de acompanhamento e avaliação por áreas do conhecimento (1979-89)*, Brasília, jun. 1991.

CASTRO, M.; ABRAMOVAY, M. *Drogas nas escolas.* Brasília: Unesco, Ministério da Saúde, Instituto Ayrton Senna, Fundação Ford e CNPq, 2002.

CEBRID. *V Levantamento nacional sobre o consumo de drogas psicotrópicas entre estudantes de ensino fundamental e médio da rede pública de ensino nas 27 capitais brasileiras.* São Paulo: Cebrid/Unifesp, 2004, p. 326.

CECCON, C; OLIVEIRA, M. D.; OLIVEIRA, R. *A vida na escola e a escola da vida.* Rio de Janeiro: Vozes, 1982.

CHAUI, M. *Cultura e democracia: o discurso competente e outras falas.* São Paulo: Moderna, 1982.

CHAVES, A. M. "A avaliação de duas coordenações de cursos de graduação: Universidades Federais de Pernambuco e Bahia". *Psicologia: Ciência e Profissão*, Brasília, Conselho Federal de Psicologia, n. 1, p. 22, 1989.

COELHO, I. M. "A questão política do trabalho pedagógico". In: BRANDÃO, Carlos (org.). *O educador: vida e morte.* 5ª ed. Rio de Janeiro: Graal, 1984, p. 31-49.

CONSELHO FEDERAL DE PSICOLOGIA. *Código de ética do psicólogo brasileiro.* Brasília: Conselho Federal de Psicologia, 2005, p. 7.

COPIT, M. S. "Algumas questões para a reflexão do psicólogo escolar relativas à psicologia do desenvolvimento". In: PATTO, M. H. S. *Introdução à psicologia escolar.* São Paulo: T. A. Queiroz, 1981, p. 414-442.

COSTA, J. F. *O vestígio e a aura: corpo e consumismo na moral do espetáculo.* Rio de Janeiro: Garamond, 2004.

Psicologia e psicologia escolar no Brasil   201

_____. "Como se constrói a subjetividade das classes populares?". *Psicologia: Ciência e Profissão*, Brasília, Conselho Federal de Psicologia, n. 2, p. 14-17, 1989.

CUNHA, L. A. *Uma leitura da teoria da escola capitalista*. Rio de Janeiro: Edições Achiamé, 1980.

DRAWIN, C. R. "Ética e psicologia: por uma demarcação filosófica". *Psicologia: Ciência e Profissão*, Brasília, Conselho Federal de Psicologia, n. 2, p. 14-17, 1985.

DURHAM, E. R.; GUSSO, D. A. *Pós-graduação no Brasil: problemas e perspectivas.* Trabalho apresentado no Seminário Internacional sobre tendências da pós-graduação, Brasília, DF, jul. 1991.

EDITORIAL. "38 anos de profissão". *Jornal do CRP*, 01, p. 2, ago. 2000.

EDITORIAL. "Os 25 anos e a imagem da profissão". *Psicologia: Ciência e Profissão*, Brasília, Conselho Federal de Psicologia, n. 2, p. 4, 1987.

EDUCAÇÃO E SOCIEDADE, n. 9, Cortez, maio 1981.

FARR, R. *O fracasso do ensino*. Rio de Janeiro: Lodecri, 1982.

FIGUEIRA, S. A. "Os efeitos da cultura psicanalítica na relação terapêutica". *Psicologia: Ciência e Profissão*, Brasília, Conselho Federal de Psicologia, n. 2, p. 9-11, 1989.

FREIRE, P. *Ação cultural para a liberdade*. São Paulo: Paz e Terra, 1976.

_____. *Pedagogia do oprimido*. Rio de Janeiro: Paz e Terra, 1970.

FREITAG, B. *Escola, Estado e sociedade*. São Paulo: Moraes, 1980.

FUNDAÇÃO PERSEU ABRAMO. *A mulher brasileira nos espaços público e privado. Como vivem e o que pensam os brasileiros no início do século XXI – síntese dos resultados*. São Paulo, 2001.

FUNDO DAS NAÇÕES UNIDAS PARA A POPULAÇÃO – UNFPA. *A situação da população mundial (2005)*. Brasília, 2005.

GADOTTI, M. *Educação e poder: introdução à pedagogia do conflito*. São Paulo: Cortez, 1984.

GARCIA, W. *Inovação educacional no Brasil*. São Paulo: Cortez, 1980.

GIL, A. C. "O psicólogo e sua ideologia". *Psicologia: Ciência e Profissão*, Brasília, Conselho Federal de Psicologia, n. 1, p. 12-17, 1985.

GOMIDE, P. I. C. "A formação acadêmica: onde residem suas deficiências?". In: *Quem é o psicólogo brasileiro?* São Paulo: Conselho Federal de Psicologia, Edicon, 1988, cap. 4.

GUAZZELLI, E. *A criança marginalizada e o atendimento pré-escolar*. Porto Alegre: Globo, 1979.

HARPER, B. *Cuidado, escola!* São Paulo: Brasiliense, 1990.

JAPIASSU, H. *Psicologia dos psicólogos*. 2ª ed. Rio de Janeiro: Imago, 1977.

202 Vivina do C. Rios Balbino

JORNAL DO FEDERAL. Congresso da Ulapsi em Cuba, 2007, p. 3.

LEITE, S. A. S. "O ensino da psicologia no 2º grau". *Psicologia: Ciência e Profissão*, Brasília, Conselho Federal de Psicologia, n. 1, p. 9-12, 1986.

LEITE, S. A. S.; GUIRADO, M. "Pós-graduação: um caso para pensar". *Psicologia: Ciência e Profissão*, Brasília, Conselho Federal de Psicologia, n. 1, p. 14-18, 1987.

LIBÂNEO, J. C. *Democratização da escola pública: a pedagogia crítico-social dos conteúdos*. São Paulo: Loyola, 1985.

_____. *Democratização da escola pública: a pedagogia crítico-social dos conteúdos*. São Paulo: Loyola, 1989.

LÖWY, M. *Ideologia e ciência social: elementos para uma análise marxista*. São Paulo: Cortez, 1985.

MARQUES, J. C. "Pesquisa em psicologia educacional: uma agenda para o futuro". *Psicologia: Ciência e Profissão*, Brasília, Conselho Federal de Psicologia, n. 3, p. 31-36, 1989.

MASINI, E. S. *Ação da psicologia na escola*. São Paulo: Moraes, 1981.

MEDEIROS, J. G. "Um projeto de mudança curricular em Santa Catarina". *Psicologia: Ciência e Profissão*, Brasília, Conselho Federal de Psicologia, n. 1, p. 24-25, 1989.

MELO, S. L. "Currículo: quais mudanças ocorreram desde 1962?". *Psicologia: Ciência e Profissão*, Brasília, Conselho Federal de Psicologia, n. 1, p. 16-18, 1989.

_____. "A formação profissional dos psicólogos: apontamento para um estudo". In: PATTO, M. H. S. *Introdução à psicologia escolar*. São Paulo: T. A. Queiroz, 1981.

MERANI, A. L. *Psicologia e alienação*. 2ª ed. Trad. Rachel Gutiérrez. Rio de Janeiro: Paz e Terra, 1977.

NIDELCOFF, M. T. *Uma escola para o povo*. São Paulo: Brasiliense, 1978.

NOVAES, M. H. *Psicologia escolar*. Petrópolis: Vozes, 1976.

NPD-UFC. *Porcentual dos professores da UFC: titulação e regime de trabalho*, 1992.

OLIVEIRA, B. A. "A educação nos escritórios de Gramsci". *Reflexão*, v. 19, p. 58- 69, jan.-abr. 1981.

OLMOS, A. "Mídia e subjetividade". *Jornal do Federal*, 2007, p. 4.

ORTEGA-RUIZ, R.; DEL REY, R. *Estratégias educativas para a prevenção da violência*. Brasília: Unesco, Universidade Católica de Brasília, 2002.

PATTO, M. H. S. *Introdução à psicologia escolar*. São Paulo: T. A. Queiroz, 1981.

_____. *Psicologia e ideologia*. São Paulo: T. A. Queiroz, 1984.

PLANO DE AÇÃO (1991-1995). Pró-reitoria de graduação (CTP), Universidade Federal do Ceará, 1991.

Psicologia e psicologia escolar no Brasil 203

Saviani, D. *Escola e democracia.* São Paulo: Cortez, 1984.

Senad - Secretaria nacional Antidrogas. "Levantamento domiciliar sobre uso de drogas psicotrópicas no Brasil". *Correio Braziliense,* Brasília, 24 nov. 2006, p. 13.

Sève, L. *Marxisme et théorie de la personalité.* Paris, Éditions Socialies, 1972, cap. 1.

Severiano, M. de F. *Narcisismo e publicidade: uma análise psicossocial dos ideais do consumo na contemporaneidade.* São Paulo: Annablume, 2001.

Távora, M; Libório, G.; Tupinambá, A. *Manual do estagiário de psicologia.* Fortaleza: Universidade Federal do Ceará, Imprensa Universitária, 2004.

Tiba, I. *Quem ama, educa!* São Paulo: Gente, 2002.

Vásquez, A. *Filosofia da práxis.* Rio de Janeiro: Paz e Terra, 1977.

Vivarta, V.; Canela, G. *Mídia e direitos humanos.* Brasília: Agência de Notícias dos Direitos da Infância, Secretaria Especial dos Direitos Humanos e Unesco, 2006.

Waiselfisz, J. J. *Juventude, violência e cidadania: os jovens de Brasília.* Brasília: Unesco/Cortez, 1998.

_____. *O mapa da violência 4: os jovens do Brasil.* Brasília: Unesco, 2004.

Waiselfisz, J. J.; Maciel, M. *Revertendo violências, semeando futuros.* Brasília: Unesco, 2003.

Weber, Lídia. N. D. *A formação em psicologia e o perfil de aluno e do professor: um estudo longitudinal.* Curitiba: Universidade Federal do Paraná, 1989.

Wechsler, S. "Panorama nacional da formação do psicólogo escolar". *Psicologia: Ciência e Profissão,* Brasília, Conselho Federal de Psicologia, n. 3, p. 26-30, 1989.

_____ *et. al.* "A atuação do psicólogo na área escolar no Distrito Federal". *Reunião da Sociedade de Ribeirão Preto,* SP, 17.

Zagury, T. *Limites sem trauma.* Rio de Janeiro: Record, 2002.

Zampieri, A. M. F. *Erotismo, sexualidade, casamento e infidelidade: sexualidade conjugal e prevenção do HIV e da Aids.* São Paulo: Ágora, 2004.

Zimbres, P. *Violências nas escolas.* Brasília: Unesco, 2002.

A AUTORA

Vivina do C. Rios Balbino, mineira, é psicóloga pela Universidade de Brasília. Construiu sua carreira acadêmica na Universidade Federal do Ceará e foi também professora na Universidade de Brasília. É especialista em Tecnologia Educacional e mestre em Educação. Na Universidade Federal do Ceará, dedicou-se ao ensino, à pesquisa e à extensão, aprofundando seus estudos teórico-práticos na psicologia, especialmente na área escolar, sempre focada nos aspectos sociopolíticos. Foi a primeira representante da Associação Brasileira de Psicologia Educacional e Escolar no Ceará e colaboradora do livro *Psicólogo brasileiro: práticas emergentes e desafios para a formação*. Publicou um livro de memórias sobre sua família intitulado *José e Maria: saga de uma família mineira*, tendo como colaboradores seus irmãos. Atualmente, dedica-se à produção científica na psicologia e na educação e estuda a psicologia também na interface com a violação dos direitos humanos no Brasil, especialmente dos direitos das mulheres. A importância da popularização da psicologia é outro enfoque e estudo atual da autora.

------ dobre aqui ------

CARTA-RESPOSTA
NÃO É NECESSÁRIO SELAR

O SELO SERÁ PAGO POR

AC AVENIDA DUQUE DE CAXIAS
01214-999 São Paulo/SP

------ dobre aqui ------

summus editorial

CADASTRO PARA MALA-DIRETA

Recorte ou reproduza esta ficha de cadastro, envie completamente preenchida por correio ou fax, e receba informações atualizadas sobre nossos livros.

Nome: _____ Empresa: _____
Endereço: ☐ Res. ☐ Coml. _____ Bairro: _____
CEP: _____-_____ Cidade: _____ Estado: _____ Tel.: ( ) _____
Fax: ( ) _____ E-mail: _____
Profissão: _____ Professor? ☐ Sim ☐ Não Disciplina: _____ Data de nascimento: _____

1. Você compra livros:
☐ Livrarias ☐ Feiras
☐ Telefone ☐ Correios
☐ Internet ☐ Outros. Especificar: _____

2. Onde você comprou este livro? _____

3. Você busca informações para adquirir livros:
☐ Jornais ☐ Amigos
☐ Revistas ☐ Internet
☐ Professores ☐ Outros. Especificar: _____

4. Áreas de interesse:
☐ Educação ☐ Administração, RH
☐ Psicologia ☐ Comunicação
☐ Corpo, Movimento, Saúde ☐ Literatura, Poesia, Ensaios
☐ Comportamento ☐ Viagens, *Hobby*, Lazer
☐ PNL (Programação Neurolingüística)

5. Nestas áreas, alguma sugestão para novos títulos? _____

6. Gostaria de receber o catálogo da editora? ☐ Sim ☐ Não
7. Gostaria de receber o Informativo Summus? ☐ Sim ☐ Não

Indique um amigo que gostaria de receber a nossa mala-direta

Nome: _____ Empresa: _____
Endereço: ☐ Res. ☐ Coml. _____ Bairro: _____
CEP: _____-_____ Cidade: _____ Estado: _____ Tel.: ( ) _____
Fax: ( ) _____ E-mail: _____
Profissão: _____ Professor? ☐ Sim ☐ Não Disciplina: _____ Data de nascimento: _____

Summus Editorial
Rua Itapicuru, 613 7º andar 05006-000 São Paulo - SP Brasil Tel.: (11) 3872-3322 Fax: (11) 3872-7476
Internet: http://www.summus.com.br e-mail: summus@summus.com.br

cole aqui